TRAITÉ

DE

LA JURIDICTION

CIVILE-JUDICIAIRE

DU JUGE DE PAIX.

PARIS. — DE L'IMPRIMERIE DE RIGNOUX,
rue des Francs-Bourgeois-S.-Michel, n° 8.

TRAITÉ

DE

LA JURIDICTION

CIVILE-JUDICIAIRE

DU JUGE DE PAIX.

Dédié

A M. LE CHEVALIER DE MARCHANGY,

AVOCAT-GÉNÉRAL A LA COUR DE CASSATION;

PAR M. BROSSARD,

DOCTEUR EN DROIT, SUBSTITUT DE M. LE PROCUREUR DU ROI
AU TRIBUNAL CIVIL DE BEAUNE.

PARIS,

NÈVE, LIBRAIRE DE LA COUR DE CASSATION,

PALAIS DE JUSTICE, Nº 9.

1824.

A MONSIEUR

LE CHEVALIER DE MARCHANGY,

AVOCAT GÉNÉRAL A LA COUR DE CASSATION.

MONSIEUR ,

Si la réputation brillante que vous vous êtes acquise à tant de titres , si les hautes fonctions que vous exercez avec tant d'éclat, m'ont fait briguer la faveur de vous dédier ce premier fruit de mes veilles , combien ne dois-je pas être touché de la bienveillance avec laquelle vous avez daigné me l'accorder !

Par une distinction si flatteuse , vous avez voulu sans doute encourager mes

*efforts, et affermir, dans une carrière nou-
velle encore pour moi, mes pas mal assurés.*

*Si mon ouvrage obtient quelque succès,
je le devrai à la protection dont vous m'ho-
norez ; car l'opinion publique a besoin d'être
dirigée ; et un bon livre même, qui se produit sans recommandation, languit souvent dans l'oubli.*

*Agréez l'hommage du profond respect
avec lequel j'ai l'honneur d'être,*

MONSIEUR,

Votre très-humble et très-obéissant
serviteur,

BROSSARD.

LETTRE

DE M. L'AVOCAT GÉNÉRAL DE MARCHANGY

A L'AUTEUR.

Paris, ce 14 février 1824.

Monsieur,

Je regrette que mes occupations m'aient forcé
de différer si long-temps la réponse que je ne pouvais vous adresser qu'après avoir médité, avec
l'attention qu'il mérite, l'avant-propos de votre
manuscrit sur la *Juridiction civile-judiciaire du
Juge de paix.*

Cet ouvrage était à faire, bien que nous ayons
l'excellent livre publié à ce sujet par M. le prési-
dent Henrion de Pansey. Ce savant magistrat a
traité de haut cette matière; et son travail, plein

de choses et de principes , est autant l'œuvre d'un publiciste que la conception d'un législateur et d'un jurisconsulte. J'ajouterai que l'on trouve dans cet ouvrage, comme dans tout ce que nous devons à l'auteur, les recherches de l'historien unies à l'expérience d'un magistrat consommé. Mais ces grandes et belles théories sont trop élevées pour la modeste intelligence de la plupart des officiers des justices de paix, et surtout de leurs justiciables. Il fallait aux uns et aux autres , particulièrement pour la matière que vous vous êtes proposé de traiter, et sur laquelle tous les monumens de notre législation se réduisent à deux articles de la loi créatrice du nouvel ordre judiciaire , il leur fallait, dis-je , un livre où la théorie ne se montrât jamais séparée de la pratique, une classification élémentaire embrassant à la fois, et les questions qui se présentent le plus fréquemment , et les principes qui doivent servir à les résoudre.

Ces principes vous sont familiers. Quant aux questions qui peuvent en dériver, vous en trouverez déjà quelques-unes développées avec beaucoup de talent dans le *Traité des Actions* de M. Poncet; le *Traité des Servitudes* de M. Pardessus vous offrira aussi le germe de solutions importantes.

Mais ce que ces auteurs, et d'autres encore, n'ont dit qu'accessoirement, vous le direz *ex professo ;* et nous vous devrons un livre exclusivement consacré à un sujet d'autant plus remarquable qu'il touche de toutes parts aux plus précieux intérêts de la société : les relations de bon voisinage, la possession, l'agriculture !...

Il vous appartenait, Monsieur, d'entrer courageusement dans la discussion d'un tel sujet. Je ne doute pas que votre ouvrage, écrit avec le style clair qui tempère l'aridité judiciaire, ne soit d'une utilité généralement appréciée.

Je me féliciterai d'avoir prédit le succès de vos

x

veilles laborieuses, et d'avoir joint, comme magistrat, un témoignage de reconnaissance à tous les
sentimens que vous savez inspirer.

Je vous prie, Monsieur, d'en agréer l'expression, ainsi que l'assurance de ma considération la
plus distinguée.

Signé l'Avocat général

DE MARCHANGY.

AVANT-PROPOS.

—

La *Compétence des juges de paix*, par M. Henrion de Pansey (1), se distingue éminemment de tous les traités qui ont paru sur le même sujet. Un style élégant, une érudition vaste, des vues profondes, feront vivre cet excellent ouvrage aussi long-temps que sera en honneur la belle institution des justices de paix.

Mais, si l'aridité des discussions scientifiques disparaît sous la plume de cet habile magistrat, on ne peut se dissimuler que trop rarement il quitte les hautes régions de la science, pour s'abaisser jusqu'à ceux d'entre ses lecteurs qui n'ont pas fait du droit une étude approfondie.

C'est, pour l'homme d'un grand savoir, un dangereux écueil, que celui de supposer

---

(1) Les citations que je pourrai faire de la *Compétence des Juges de paix* se référeront aux quatrième, cinquième et sixième éditions, qui sont les dernières.

aux autres les connaissances qui lui sont tellement familières, qu'elles lui paraissent être une inspiration subite de la nature, plutôt qu'un fruit tardif de l'étude; et tel est l'écueil contre lequel me semble avoir échoué M. Henrion de Pansey. Toujours, en effet, cet auteur s'adresse au jurisconsulte; comme s'il oubliait que, d'après la nature des objets qu'il traite, son principal but, je le dirai même, son premier devoir, est de servir de guide à une classe particulière de magistrats, dont la loi n'exige d'autre qualité que celle d'homme de bien, d'autres lumières que celles de l'équité naturelle.

Frappé de ce grave inconvénient, auquel, si je ne me trompe, se joint encore celui d'une division par chapitres, souvent sans autre connexion entre eux que la série des numéros; et me proposant pour unique but de mettre à la portée d'un plus grand nombre de lecteurs, un ouvrage d'une utilité générale, je n'avais d'abord conçu que la pensée d'en coordonner les parties sur un nouveau plan. Mais, dirigé par les lumières d'un magistrat éclairé, aux bontés duquel je me sens redevable des loisirs que je consacre à l'étude (1); averti d'ailleurs par le goût d'un écrivain distingué, qui m'honore de sa bienveillance, et qui, aux qualités de savant et d'homme de lettres, unit encore celles d'esprit juste et profond (2);

------

(1) M. Cyrot, Procureur du Roi au tribunal civil de Beaune.

(2) M. Suremain de Missery, de la société royale des sciences de Paris et de plusieurs autres sociétés savantes.

Les personnes qui ont l'avantage de connaître M. Suremain de Missery ne douteront pas qu'il n'ait dû puissamment contribuer à épurer mon style; mais peut-être douteront-elles qu'il ait pu m'être de quelque secours touchant la marche et l'ordonnance d'un ouvrage qui se rattache à une science à laquelle il était, jusqu'à présent, demeuré étranger. Qu'elles sachent cependant que je ne lui ai pas moins d'obligations sous l'un de ces rapports que sous l'autre, et que je ne sais ce que je dois admirer davantage, ou du goût aussi sûr qu'exercé que je lui ai reconnu, ou de la sagacité avec laquelle, sous mes auspices, si je l'ose dire, il a fouillé dans les entrailles du sujet, pour m'y servir de guide à son tour.

j'ai senti ma confiance s'accroître de toute l'habileté de pareils guides ; mon esprit s'enrichir de toutes leurs vues ; mon style se prêter au développement de toutes leurs idées ; et j'ai fait un livre.

Au lieu donc d'une simple analyse de l'ouvrage de M. Henrion de Pansey, j'offre au public, sur le même sujet, un ouvrage dont la forme du moins m'appartient en propre ; un ouvrage où, loin de me traîner timidement sur les traces du savant auteur de la *Compétence*, j'ose entrer en lice avec lui, discuter ses décisions les plus importantes ; quelquefois les combattre, soit d'après mes propres réflexions , soit d'après celles de M. Poncet, mon ancien professeur (1).

Bien que souvent invoquées par moi, les décisions de M. Poncet seront elles-mêmes, parfois, l'objet de ma critique ; n'entendant au surplus, sous ce terme de *critique*,

---

(1) Auteur de plusieurs ouvrages fort estimés, et notamment d'un *Traité des Actions*, que j'aurai plus d'une fois l'occasion de citer.

qu'une discussion décente et modeste, la seule qui convienne au respect et à la reconnaissance d'un élève envers son maître.

Si, du moins quant à présent (1), je me suis borné à la juridiction civile-judiciaire du juge de paix, ce n'a été qu'afin de me livrer tout entier, dans cet ouvrage, à celles, d'entre les fonctions de ce magistrat, qui, par les difficultés ardues qu'elles présentent (2),

---

(1) Supposé que ce premier essai obtienne un favorable accueil, peut-être me déterminerai-je, plus tard, à en faire paraître un second, dans lequel se trouveraient exclusivement traitées toutes celles, d'entre les fonctions du juge de paix, qui n'ont pu trouver place dans celui que je publie en ce moment.

(2) Pour preuve de ce que j'avance, qu'on me permette de citer ici un exemple de ces difficultés. Je le puiserai de préférence parmi les actions possessoires; attendu que, parmi les autres espèces d'actions, il ne s'en trouve aucune, peut-être, dont l'usage soit aussi fréquent dans les justices de paix, aucune, cependant, dont les vrais principes soient plus généralement ignorés.

G......, propriétaire d'un héritage ensemencé en trèfle, ayant fait citer, devant le juge de paix de ** les frères T........., cultivateurs de l'héritage voisin,

exigent le plus d'étude, et demandent le plus de réflexion.

J'ai long-temps hésité si je donnerais, à l'espèce de juridiction qui fait l'objet du

---

pour s'être permis de transporter à travers l'héritage dudit G...... le produit de leur récolte, prend contre eux des conclusions tendant : 1° à ce qu'il soit gardé et maintenu dans la possession franche et paisible de son héritage ; 2° à ce que défense leur soit faite de l'y troubler désormais ; 3° enfin, à ce qu'ils soient condamnés à lui payer une somme de 3o fr. pour dommages-intérêts.

Les frères T......... comparaissent, et concluent à leur renvoi, qu'ils motivent sur ce que, depuis un grand nombre d'années, et notamment depuis l'an et jour, ils sont en possession de passer sur l'héritage de G...... ; possession qu'ils s'offrent d'ailleurs à établir par témoins.

Jugement intervient, qui appointe les frères T........., à faire enquête ; et, pour l'audition des témoins, ordonne que le juge de paix se transportera sur le lieu contentieux.

Au jour indiqué, les défendeurs, loin de présenter leurs témoins, proposent le déclinatoire ; attendu, disent-ils, que, s'agissant, dans l'espèce, d'une servitude discontinue non apparente, l'action possessoire, intentée par G......, n'est point recevable.

présent traité, la qualification de *civile-contentieuse*, ou celle de *civile-judiciaire*; la première me paraissant plus conforme à

De son côté, G...... soutient que, les frères T......... ne présentant point leurs témoins, c'est le cas de les déclarer forclos de leur enquête, et de lui adjuger les conclusions par lui prises à la première audience.

Le juge de paix, considérant qu'il est question de dommages causés, dans l'année, aux champs, fruits et récoltes; nullement de la prétention à l'exercice d'une servitude, soit continue, soit discontinue... sans avoir égard au déclinatoire proposé, maintient G...... dans la possession franche et paisible de son héritage; fait très-expresse défense aux frères T......... de l'y troubler à l'avenir, condamne ces derniers à un franc de dommages-intérêts, et aux dépens du jugement, qui sera exécuté en dernier ressort, sauf aux parties à intenter l'action pétitoire, si elles le croient convenable.

L'appel de ce jugement ayant été déféré au tribunal civil de Beaune, j'ai porté la parole à peu près en ces termes : « On pourrait s'étonner qu'une décision, au fond, si équitable, et à laquelle, pour être parfaitement régulière, il n'a manqué que d'être qualifiée *en premier* et non pas *en dernier ressort*, ait pu naître d'un interlocutoire, d'un déclinatoire, et d'un considérant, qui hautement attestent l'oubli des principes les plus fondamentaux de la matière ; on pourrait, dis-je, s'étonner d'une pareille décision,

la théorie, et la seconde plus conforme à la pratique.

Toutefois, la nécessité de prendre un

---

si l'on ne voyait clairement que les circonstances ont tout fait, et qu'à elles seules le juge de paix est redevable de ne s'être pas égaré.

Quoi de plus illégal, en effet, que l'*interlocutoire,* par lequel les frères T........., simples cultivateurs d'un héritage, ont été admis à l'exercice d'une action, interdite, dans le cas particulier, au propriétaire lui-même ?

Quoi de plus ridicule, que le *déclinatoire* par lequel ces mêmes frères T........., ont eux-mêmes réclamé contre l'enquête monstrueuse à laquelle ils avaient été admis ?

Quoi de plus absurde, enfin, que le *considérant* par lequel le juge de paix appuie sa décision sur ce qu'il ne s'agit pas, au procès, *de la prétention à l'exercice d'une servitude, soit continue, soit discontinue ?*

Rien, en premier lieu, de plus *illégal* que l'interlocutoire rendu en faveur des frères.

Car, ne sait-on pas que l'action possessoire jamais n'appartient ni au fermier, ni au colon partiaire (*Voy.* n° 183); et qu'à défaut de titre qui l'établisse, une servitude prétendue sur un héritage ne peut, en faveur du propriétaire lui-même, donner lieu à une pareille action, qu'alors seulement que cette servitude est à la fois continue et apparente (*Voy.* n°s 301, 302)?

parti n'a pas seule déterminé mon choix : j'ai encore été guidé par cette considération, qui m'a paru décisive, que le terme de *contentieux*, ayant été spécialement attaché par la loi et la jurisprudence à un

---

Rien, en second lieu, de plus *ridicule* que le déclinatoire proposé par les frères.

Car, sérieusement apprécié, ce déclinatoire ne devait-il pas avoir pour résultat (diamétralement opposé à celui que s'en promettaient les défendeurs) de faire proscrire leur exception, qui précisément consistait dans la prétention à l'exercice *d'une servitude discontinue non apparente* (servitude impuissante, suivant eux - mêmes, pour produire l'action possessoire); et par suite de faire triompher l'action de leur adversaire, laquelle consistait uniquement dans la prétention à la franchise de l'héritage) prétention qui toujours autorise l'exercice de l'action possessoire. (*Voy.* ns 301, 303.)

Rien, en troisième lieu, de plus *absurde* que le considérant par lequel le juge de paix a motivé son jugement définitif.

Car, bien loin qu'il ne s'agisse nullement au procès de la prétention à l'exercice d'une servitude, ne voit-on pas, au contraire, que le demandeur originaire a positivement conclu à être *maintenu dans la possession franche et paisible de son héritage*, et que le juge de paix lui-même l'y a maintenu ? »

genre particulier d'attributions conférées à des tribunaux de l'ordre administratif, je ne pouvais sans danger l'attacher à un genre particulier de fonctions conférées à un magistrat de l'ordre judiciaire.

A la table des matières j'ai joint un tableau synoptique destiné à en être la contre-épreuve.

Ce tableau, je le pressens, trouvera beaucoup de détracteurs. Toutefois, je me suis appliqué à le rendre digne des esprits attentifs, qui aiment à méditer un sujet, à l'envisager tour à tour dans son ensemble et dans ses détails, à se rendre compte enfin des linéamens délicats par lesquels chacune des parties se rattache aux autres, pour ne faire avec celles-ci qu'un seul et même tout.

Pour concilier autant que possible avec l'intérêt de la clarté la facilité des rapprochemens et des recherches, j'ai cru devoir placer en regard du texte les notes de peu d'étendue, rejeter à la suite toutes les autres, et soumettre l'ouvrage entier à une même série de numéros.

TABLE

Des Titres, Chapitres, Sections, Paragraphes, etc., du Traité de la Juridiction civile-judiciaire du Juge de paix.

———

JURIDICTION

CIVILE-JUDICIAIRE

DU JUGE DE PAIX.

1. LES fonctions du juge de paix ont pour base les différens pouvoirs que la loi confère à ce magistrat ; pour régulateur, les diverses formalités qu'elle lui prescrit.

2. L'ensemble de ces pouvoirs compose ce qu'on nomme *juridiction* du juge de paix ; l'ensemble de ces formalités, ce qu'on nomme *procédure* du juge de paix. Nous écarterons ce dernier objet.

3. Le terme de *juridiction* se confond, dans l'usage, avec celui de *compétence*; attendu que tous deux emportent l'idée de pouvoir conféré par la loi : mais ce qui les différencie, c'est que le terme de *juridiction* (1) appelle davan-

***

(1) Juridiction, *jurisdictio* : de *jus* droit, et de *dicere* dire, déclarer. (*Voy.* M. Poncet, *Traité des Jugemens* , n° 3.)

tage l'idée de ce pouvoir, considéré par rapport au juge qui l'exerce ; et le terme de *compétence* (1), l'idée de ce pouvoir, considéré par rapport aux choses qui en font l'objet.

4. La juridiction du juge de paix est, ou *civile* ou *criminelle* (2), suivant que l'intérêt qui en est plus spécialement le mobile est, ou privé ou public. Nous n'avons point à parler de la juridiction criminelle.

5. La juridiction civile du juge de paix est judiciaire ouextrajudiciaire , selon que le pouvoir en quoi elle consiste est, ou celui de prononcer des jugemens, ou celui de vaquer à certains actes qui n'ont rien de contentieux (3). Nous n'aurons point non plus à parler de la juridiction extrajudiciaire.

---

(1) *Compétence*, du mot latin *competere*, qui exprime, en général, ce qui nous appartient, la chose à laquelle nous avons droit, ou qui nous avient. (Voy. *Dictionnaire des Arréts modernes* , au mot *Compétence.*)

(2) Ce terme de *criminelle* est pris dans son acception la plus large, et comme aux n°ˢ 326 et 410 , *infrà*.

(3) Je dis *rien de contentieux*, afin de bien distinguer ces sortes d'actes des jugemens, toujours contentieux quant à la forme, alors même qu'ils ne le sont pas quant au fond; c'est-à-dire, alors même qu'ils n'ont pour but que de consacrer l'engagement spontané des parties.

6. *La juridiction civile-judiciaire* du juge de paix fera donc l'unique objet du présent traité. Or, elle peut être considérée soit par rapport aux attributions dont elle se compose, soit par rapport à la prorogation dont elle est ou non susceptible; et de là sort la division de ce traité en deux parties respectivement consacrées à ces deux points de vue.

PREMIÈRE PARTIE.

De la Juridiction civile-judiciaire du Juge de paix, considérée par rapport aux attributions dont elle se compose.

7. Les *attributions* dont se compose la juridiction civile-judiciaire du juge de paix sont les actions auxquelles s'applique cette juridiction, et dont, par-là même, la connaissance est attribuée à ce magistrat.

8. Les attributions qui appartiennent à la juridiction civile-judiciaire du juge de paix se partagent en deux classes. L'une de ces classes comprend toutes les actions d'un même genre ; celles purement personnelles et mobilières, d'une valeur déterminée, et jusqu'à concurrence de cent francs. L'autre comprend toutes les actions, quelle qu'en soit l'espèce, énumérées par la loi, d'une valeur indéterminée, à quelque somme qu'elles puissent s'élever.

9. Pour abréger, nous attacherons à ces deux classes les dénominations respectives tirées du principal caractère de chacune, à savoir : d'*actions d'une valeur déterminée*, et d'*actions d'une valeur indéterminée*.

———

PREMIÈRE CLASSE.

—

Actions d'une valeur déterminée.

10. L'unique source des attributions de cette première classe se trouve dans l'art. 9, titre III de la loi du 24 août 1790, ainsi conçu : « Le « juge de paix, assisté de deux assesseurs, con- « naîtra avec eux de toutes les causes purement « personnelles et mobilières, sans appel, jusqu'à « la valeur de cinquante livres, et, à charge « d'appel, jusqu'à la valeur de cent livres : en « ce dernier cas, ses jugemens seront exécu- « toires par provision, nonobstant l'appel, en « donnant caution. Les législatures pourront « élever le taux de cette compétence. »

11. L'examen de cet article donnera lieu aux trois sections suivantes, dont la première of-frira quelques observations relatives, soit aux expressions de ce même article, soit à sa con-texture tandis que les deux autres seront ex-

clusivement consacrées à la solution de deux questions qui, pour les raisons qu'on verra, n'auront été qu'indiquées dans la première.

PREMIÈRE SECTION.

Observations sur les expressions et la contexture de l'article 9, Titre III, de la loi du 24 août 1790.

12. *Le juge de paix, assisté de deux assesseurs,...*

Les *assesseurs* ont été supprimés, et des suppléans créés, non pour assister le juge de paix, mais pour le remplacer, en cas d'empêchement (1); en sorte qu'aujourd'hui chaque juge de paix compose, à lui seul, tout son tribunal (2).

---

(1) Loi du 29 ventôse, an 9. (Voy. 3ᵉ *série*, *Bulletin* 76, nᵒ 595.)

(2) Ce qui veut seulement dire qu'aucun autre magistrat n'est aujourd'hui appelé à partager les décisions du juge de paix ; car celui-ci, toujours, aussi bien aujourd'hui que d'après la loi de sa création, doit être assisté d'un greffier. (Art. 5, tit. IX, l. 24 août 1790, et 18, *Code de procéd. civile.*)

13. *...Connaîtra avec eux...*

Avec eux; expressions aujourd'hui superflues, et qui, d'après l'observation précédente, ne peuvent désormais avoir aucun sens.

14. *...De toutes les causes...*

15. *Cause* est ici employée pour action (1).

16. *De toutes les causes.* — Quelle que soit la généralité de ces expressions, elles ne comprennent, ni les actions criminelles, qui, en cette qualité, n'appartiennent qu'aux fonctionnaires auxquels la loi en a confié l'exercice (2), ni celles d'entre les actions civiles qui, bien qu'existant entre particuliers, se rattachent à des considérations d'ordre social, et, à raison de cela, doivent être communiquées au ministère public (3); ni enfin les actions commerciales, qui, quelque modique qu'en puisse être la valeur, ont exclusivement été attribuées aux tribunaux de commerce (4).

17. *...Purement personnelles et mobilières...*

---

(1) *Voy.* M. Henrion de Pansey, *Compétence des Juges de paix*, p. 83, à la note.

(2) Voy. *Cod. d'Instr. crim.*, art. 1er, et n° 364, *infrà*.

(3) Voy. *Cod. de procéd. civ.*, art. 83.

(4) Voy. *Cod. de Comm.*, art. 621 et suiv., et le *Répertoire de Jurisprudence*, au mot *Tribunal de Commerce*, n° 4.

18. *Purement personnelles.* — Qu'entend-on par *action purement personnelle?* C'est une question qui, par les développemens qu'elle exige, mérite d'être traitée à part, et qui, pour cette raison, fera l'objet de la section suivante.

19. *Purement personnelles et mobilières.* — Ce qui veut dire, non pas que le juge de paix puisse connaître, et de toutes les actions *purement personnelles*, et de toutes les actions *purement mobilières*; mais qu'au contraire il ne peut connaître des actions, même *purement personnelles*, qu'autant qu'elles sont encore *purement mobilières*, c'est-à-dire, qu'autant qu'elles n'ont pour objet que des effets mobiliers (1).

20. Au surplus, si le juge de paix ne peut connaître des actions *purement personnelles* qu'autant qu'elles sont encore *purement mobilières*, il ne faut pas en conclure que réciproquement ce magistrat ne puisse connaître des actions *purement mobilières*, qu'autant qu'elles sont encore *purement personnelles*. Car les actions purement mobilières, que d'ailleurs elles soient ou personnelles ou réelles,

______

(1) *Quod tendit ad mobile, mobile est; quod ad immobile, immobile :* maxime qui a présidé à la rédaction des articles 526 et 529 de notre *Code civil.*

pourvu qu'elles n'excèdent pas cent francs (1), ou que les meubles qui en font l'objet n'aient pas acquis une situation fixe (2), ces actions, disons-nous, sont toutes de la compétence du juge de paix ; attendu que, bien qu'elles puissent être réelles, quant à leur nature, toutes sont essentiellement personnelles, quant à leur forme (3).

21. .....*Sans appel, jusqu'à la valeur de cinquante livres, et, à charge d'appel, jusqu'à la valeur de cent livres....*

Pour que le juge de paix puisse s'immiscer dans la connaissance des actions qui composent la première classe, et auxquelles se réfère le texte précité ; il faut donc, comme je l'ai dit plus haut (4), que la valeur en soit déterminée. Quel autre moyen, en effet, aurait ce magistrat, de s'assurer s'il peut prononcer sur le différent, soit en premier ressort, soit en premier et dernier ressort tout ensemble ; ou si, au contraire, il ne peut en connaître ?

---

(1) Voy. *infrà*, n° 21.

(2) Voy. *infrà*, n°ˢ 233, 236.

(3) *Voy.* la note du n° 50, *infrà*.

(4) Voy. *suprà*, n°ˢ 8 et 9.

22. Mais comment se détermine la valeur des actions de cette nature? J'essaierai d'établir quelques principes à cet égard dans la troisième section.

23. Relativement au terme de *livres* contenu dans le texte précité, quelle signification con-vient-il d'y attacher?

A l'époque de la promulgation de la loi dont ce texte fait partie, le terme de *livre* était en-core synonyme de *franc*. Il n'en est plus ainsi depuis la loi du 25 germinal an 3, qui attribue au franc une supériorité de trois deniers sur la livre (1); en sorte que, d'une part, cinquante francs d'aujourd'hui valent cinquante livres douze sous six deniers, et cent francs, cent une livres cinq sous; tandis que, d'autre part, cinquante livres ne valent plus aujourd'hui que quarante-neuf francs trente-huit centimes, plus la fraction vingt-deux quatre-vingt-unièmes de centime; et cent livres, quatre-vingt-dix-huit francs soixante-seize centimes, plus quarante-quatre quatre-vingt-unièmes de centime (2).

_____

(1) Le nouveau franc est à la livre dans le rapport de 80 à 81 ; en d'autres termes, 80 fr. valent 81 livres.

(2) *Voy.*, au surplus, le *Répertoire de Jurisprudence*, au mot *Monnaie décimale*, n° 7 et 11 , et au mot *Franc.*

Serait-on fondé à conclure de là que le juge de paix n'ayant reçu la mission de connaître des actions purement personnelles et mobilières que jusqu'à la valeur de cinquante livres, sans appel, et de cent livres, à charge d'appel, ce magistrat ne peut aujourd'hui connaître des actions de cette espèce que jusqu'à la valeur de quarante-neuf francs trente-huit centimes, vingt-deux quatre-vingt-unièmes de centime, sans appel, et de quatre-vingt-dix-huit francs soixante-seize centimes, quarante-quatre quatre-vingt-unièmes de centime, à charge d'appel ?

Avancer une pareille proposition c'est montrer assez combien elle est ridicule et contraire à l'esprit d'une loi dont évidemment le but a été de figurer une somme ronde et faisant une masse habituelle de paiement (1).

24. ....*En ce dernier cas, ses jugemens seront exécutoires par provision, nonobstant l'appel, en donnant caution....*

On sent, à la lecture de cette phrase, que la partie de l'article, constitutive des attributions de première classe du juge de paix, est terminée,

---

(1) Voy. *l'Indicateur des Juges de paix*, p. 85, 2ᵉ alinea.

et que le législateur ne s'occupe plus que d'un point réglementaire et de procédure, dont par-là même (1) je n'ai point à m'occuper.

25. .....*Les législatures pourront élever le taux de cette compétence....*

C'est ce qu'évidemment elles eussent pu faire, encore que la faculté ne leur en eût pas expressément été réservée ; et c'est néanmoins ce qu'elles n'ont point fait : en sorte que, sous ce rapport, la juridiction civile-judiciaire du juge de paix n'a éprouvé aucune espèce de variations.

SECTION II.

Qu'entend-on par action purement personnelle ?

26. On peut répondre à cette question, soit en exposant les caractères auxquels se reconnaît l'action purement personnelle, soit en énumérant ceux auxquels se distinguent les autres actions ; et de là deux définitions de l'action purement personnelle, l'une positive, et l'autre négative.

---

(1) Voy. *supra*, n° 2.

Cette dernière, qui, au lieu de dire précisément ce qu'est l'action purement personnelle, dit précisément ce qu'elle n'est point, satisfait assez rarement, quand elle se trouve isolée ; mais, jointe à la première, elle en forme en quelque sorte le complément ou la contre-épreuve, et me paraît très-propre à éviter toute méprise.

Telle est aussi la raison pour laquelle, au lieu de me borner à dire ce qu'est l'action purement personnelle, j'ai cru devoir entrer encore dans le détail des autres espèces d'actions, qui souvent offrent, avec celle-là, une ressemblance si frappante, qu'on pourrait facilement les confondre.

Cela posé, entrons en matière.

27. Les actions se divisent en personnelles-réelles, et mixtes.

28. Les *personnelles* sont, ou *purement personnelles*, ou *personnelles mélangées de réalité ;* et telles, dans ce dernier cas, que la personnalité prédomine.

29. Les *réelles* sont, ou *purement réelles*, ou *réelles mélangées de personnalité;* et telles, dans ce dernier cas, que la réalité prédomine.

3o. Les *mixtes*, enfin, sont, ou *personnelles-*

réelles essentiellement, *et d'une manière indivi-sible*, ou *personnelles-réelles accidentellement*, *et d'une manière divisible*; et telles, dans chacun de ces deux cas, que ni la personnalité ni la réalité ne prédominent. Dans le premier cas, je les nommerai *mixtes parfaites*; dans le second cas, je les nommerai *mixtes imparfaites*.

31. Conséquemment à ces notions, l'on doit reconnaître des actions ,

1° Personnelles, ou pures, ou mélangées;

2° Réelles, ou pures, ou mélangées ;

3° Mixtes, ou parfaites, ou imparfaites.

32. Séparant chacune de ces actions de celle à laquelle elle se trouve accolée, et la plaçant dans l'ordre qu'il nous a paru convenable de lui assigner, l'on aura enfin,

1° Des actions purement personnelles;

2° Des actions purement réelles ;

3° Des actions personnelles mélangées de réa-lité ;

4° Des actions réelles mélangées de person-nalité;

5° Des actions mixtes parfaites;

6° Enfin, des actions mixtes imparfaites.

Je m'occuperai successivement de chacune d'elles; ce qui fera l'objet d'autant de paragraphes.

§ Ier

Des Actions purement personnelles.

33. L'action *purement personnelle* est ainsi nommée, non parce qu'elle ne peut être intentée que contre une personne, circonstance qui ne la différencie en rien des actions réelles (1); mais parce qu'elle est personnelle à la fois, par sa nature, par son objet immédiat, et par ses effets (2).

34. *Par sa nature*, l'action purement personnelle dérive d'une obligation, soit volontaire (3), soit légale (4), qui, sans conférer sur la chose aucun droit actuel, impose seulement à la personne obligée, ou, à son défaut, à ses représentans (5), un devoir quelconque.

35. *Par son objet immédiat* (6), cette espèce

---

(1) Voy. *infrà*, n° 506.

(2) *Voy.* M. Poncet, *Traité des Actions*, n° 42.

(3) Voy. *infrà*, n° 38 à 46.

(4) Voy. *infrà*, n° 41 à 46.

(5) Voy. *Cod. civ.*, art. 1122.

(6) Je dis *immédiat*, car son objet médiat et ultérieur est la chose même que la partie obligée est tenue de donner, de faire ou de ne pas faire. (*Cod. civ.*, art. 1126.)

d'action s'adresse à la personne, soit conventionnellement, soit légalement obligée, ou à ses représentans.

36. *Par ses effets*, enfin, elle est inhérente, soit à cette même personne, soit à chacun de ses représentans, et les suit partout où ils jugent à propos de transporter leur domicile (1).

37. En résumé : qu'une action dérive d'une obligation imposée à la personne; qu'elle s'adresse immédiatement à la personne; qu'elle suive enfin la personne en quelque lieu que celle-ci transporte son domicile : tels sont les signes infaillibles à la réunion desquels on reconnaîtra cette action pour être purement personnelle.

38. J'ai dit que l'action purement personnelle dérive d'une obligation volontaire ou légale (2). Je dois expliquer ce qu'il faut entendre par ces sortes d'obligations.

39. L'obligation volontaire est celle que l'on s'est expressément imposée, et reconnaît pour cause les contrats.

40. L'obligation légale est celle qui dérive

---

(1) Voy. *Code de Procéd. civ.*, art. 59, et *infrà*, n° 450.
(2) Voy. *suprà*, n° 34.

d'un fait que la loi déclare obligatoire. Or, **ce fait est licite ou illicite.**

41. Si ce fait est licite, l'action qui en dérive reconnaît pour cause les quasi-contrats.

42. Si ce fait est illicite, l'action qui en dérive reconnaît pour cause les délits ou les quasi-délits.

43. Le *contrat* est une convention par laquelle une ou plusieurs personnes s'obligent, envers une ou plusieurs autres, à donner, à faire, ou à ne pas faire quelque chose (1).

Pierre s'est engagé à me livrer chaque année ma provision de blé : voilà *l'obligation de donner.*

J'ai conclu avec Paul un marché d'après lequel ce dernier doit me creuser un puits : voilà *l'obligation de faire.*

Enfin je suis convenu avec Jean qu'il n'élèverait jamais sur son héritage, voisin de ma maison, aucune construction de nature à me priver du riant aspect dont je jouis de ce côté : voilà *l'obligation de ne pas faire.*

44. Le *quasi-contrat* consiste dans un ou plu-

(1) **Voy.** *Cod. civ.*, art. 1101.

sieurs faits purement volontaires de l'homme, d'où résulte un engagement quelconque envers un tiers , et quelquefois un engagement réciproque des deux parties (1).

Mon voisin est absent; on ignore le lieu de sa retraite : cependant il a laissé des moissons à faire, des dettes à payer. Je prends sur moi le soin de ses récoltes, je désintéresse ses créanciers. De tels faits, purement volontaires de ma part, m'obligent à rendre compte à mon voisin lors de son retour; lui, de son côté, ne pourra se refuser à me faire état des sommes dont je pourrais être à découvert vis-à-vis de lui, et dont je justifierais avoir fait en sa faveur un emploi utile (2).

45. Le *délit*, pris dans son acception la plus large, comprend les crimes, les délits proprement dits, et même les simples contraventions (3). L'obligation légale qui en résulte consiste à réparer le dommage causé (4).

---

(1) Voy. *Cod. civ.*, art. 1371.

(2) Voy. *ibid.*, art. 1372 à 1375.

(3) Voy. *ibid.*, art. 1382, et *Cod. pén.*, art. 1er.

(4) Voy. *Cod. civ.*, art. 1382.

Ainsi l'incendiaire est légalement obligé à rembourser le prix de la maison qu'il a brûlée ; le voleur, à restituer l'objet dont il s'est frauduleusement emparé ; le malintentionné, à payer le prix de la glace qu'il a brisée.

46. Le *quasi-délit* enfin, qui diffère du délit, en ce que, à la différence de celui-ci, il suppose, non une intention coupable, mais une simple négligence ou imprudence, n'en donne pas moins lieu à la même obligation légale (1).

Ainsi l'individu qui, par pure imprudence, a mis le feu à ma maison ; le père de l'enfant qui, en se jouant, m'a endommagé ou détruit quelque effet précieux ; le maître de l'animal qui, s'étant furtivement introduit dans mon héritage, y a causé quelque dégât, sont légalement obligés à la réparation pécuniaire du préjudice que j'ai essuyé.

§ II.

Des actions purement réelles.

47. L'action *purement réelle* est ainsi nommée, non parce que son unique but est d'obtenir une chose ; circonstance qui ne la différen-

____

(1) Voy. *Cod. civ.*, art. 1383 à 1386.

cie en rien des actions personnelles (1); mais parce qu'elle est réelle à la fois, par sa nature, par son objet immédiat, et par ses effets (2).

48. *Par sa nature*, l'action purement personnelle naît d'un droit sur la chose; droit d'où résulte l'obligation de la délivrer.

Loin donc que cette obligation soit la source de l'action réelle, elle n'en est, au contraire, que la conséquence (3).

49. *Par son objet immédiat* (4), cette espèce d'action s'adresse à la chose, bien qu'ostensiblement elle ne puisse être dirigée que contre la personne qui la détient, et qui, par cette raison, peut seule en effectuer la délivrance.

50. *Par ses effets*, enfin, cette même espèce d'action suit la chose, en quelques mains qu'elle passe, et se porte au tribunal de la situation (5).

---

(1) Voy. *infrà*, n° 506.

(2) *Voy.* M. Poncet, *Traité des Actions*, n° 47.

(3) Voy. *infrà*, n° 507.

(4) A la différence de l'action purement personnelle, qui, ainsi qu'on l'a vu à la note du n° 35 *suprà*, ne s'adresse à la chose que par son objet *médiat*.

(5) Cette situation est réelle ou présumée : *réelle*, s'il s'agit, soit d'un immeuble par sa nature, soit d'un meuble

51. En résumé : qu'une action dérive d'un droit sur la chose ; qu'elle s'adresse immédiatement à la chose ; qu'elle suive enfin la chose en quelques mains que passe celle-ci : tels sont les signes infaillibles à la réunion desquels on reconnaîtra cette action pour être purement réelle.

52. Soit, pour exemple, l'action résultant d'un contrat de vente.

Cette action, purement personnelle chez les Romains, où la vente ne conférait à elle seule aucun droit sur la chose, mais autorisait seulement l'acquéreur à demander la délivrance, qui seule pouvait lui conférer le droit réel et le rendre propriétaire (1); cette action, dis-je, est au contraire réelle parmi nous, l'art. 1583 du Code civil déclarant la propriété acquise

---

ayant une situation fixe ; *présumée*, s'il s'agit de tout autre meuble qui toujours est présumé se trouver au domicile du détenteur. (*Voy.*, pour ce dernier cas, le n° 20 *suprà*.)

(1) *Si ager ex exemptionis causá ad aliquem pertineat, non rectè hâc actione (reivindicatione) agi poterit, antequàm traditus sit ager*, l. 20, ff. *de Rei vindicatione* ; d'où l'ancien adage : *non nudis titulis, sed traditionibus, domidia rerum transferuntur.*

de droit à l'acheteur à l'égard du vendeur, dès l'instant qu'on est d'accord de la chose et du prix.

53. Le principe posé par l'article précité souffre toutefois exception, lorsqu'une chose purement mobilière ayant été vendue par la même personne à deux personnes successivement, le second acquéreur en a le premier obtenu la délivrance ; car l'article 1141 du Code civil ne permettant point alors au premier acquéreur d'inquiéter le second, il en résulte évidemment que l'action qui appartient à celui-là est purement personnelle contre le vendeur.

54. Concluons que, parmi les contrats, ceux-là ne donnent naissance qu'à l'action purement personnelle, qui ne confèrent aucun droit actuel sur la chose ; et ceux-là produisent l'action réelle, qui sont actuellement translatifs de propriété.

§ III.

Des actions personnelles mélangées de réalité.

55. L'action *personnelle mélangée de réalité* est celle qui, bien que personnelle, et par

sa nature et par son objet immédiat, ressemble, par ses effets, aux actions réelles.

56. De cette espèce est l'action en révocation d'une donation entre-vifs pour cause d'inexécution des conditions : elle est personnelle, d'abord par sa nature; car la source en est uniquement dans la clause qui imposait au donataire les conditons qu'il n'a pas remplies : personnelle encore par son objet immédiat; car, pour rentrer dans le droit réel de propriété dont il s'est dessaisi, le donateur n'a d'autre moyen que de faire résoudre la donation : mais elle est réelle par ses effets, en ce que l'article 954 du Code civil accorde au donateur, contre les tiers détenteurs, le même droit que contre le donateur lui-même.

57. M. Poncet prétend qu'une telle action est personnelle, même par ses effets; attendu , dit-il, que la loi . ne conférant au donateur *d'autre droit... contre les tiers... que celui qu'il exercerait contre le donataire si celui-ci possédait encore l'objet de la donation* , par-là même ne lui confère contre eux qu'un droit éminemment personnel (1).

____

(1) Voy. *Traité des Actions*, n° 121 , 1°.

Supposé qu'on adoptât cette opinion, d'ailleurs très-plausible, toujours faudrait-il convenir qu'ici, et en vertu d'une disposition précise de la loi, la personnalité, étendue bien au delà de ses bornes ordinaires, s'arroge tous les effets de la réalité ; circonstance qui ne permet pas de confondre, avec les actions purement personnelles (1), l'action qui nous occupe.

§ IV.

Des actions réelles mélangées de personnalité.

58. L'action *réelle mélangée de personnalité* est celle qui, bien que réelle, dans la rigueur du droit, et par sa nature, et par son objet, toutefois, sous ce double rapport, et d'après nos formes usitées de procédure, ressemble aux actions personnelles.

59. On peut en citer pour exemple l'action en révocation d'une donation entre-vifs, pour cause de survenance d'enfans : action qui paraît, au premier coup d'œil, n'offrir que des caractères de réalité ; puisque, la révocation

---

(1) Voy. *suprà*, n° 33 à 37.

ayant lieu de plein droit, le donateur se trouve ressaisi de la propriété qu'il avait transmise, alors même qu'il n'aurait pas encore formé sa demande : action cependant qui, à raison de la nécessité où l'on est de soumettre aux tribunaux, non pas seulement les difficultés survenues dans le cours de sa poursuite, mais la question même de son existence, reçoit une teinte très-prononcée de personnalité. Car, sous ce dernier point de vue, elle ressemble beaucoup à ce qu'elle serait effectivement si la révocation, n'étant pas écrite dans la loi, résultait simplement d'une condition résolutoire insérée dans la donation (1).

§ V.

Des Actions mixtes parfaites (2).

60. L'action *mixte parfaite* est celle qui, présentant les deux caractères de personnalité et de réalité, et cela sans aucune prédominance

---

(1) Voy. *infrà*, n° 508.

(2) Les seules que, dans le langage ordinaire du barreau, ou qualifie de *mixtes*.

de l'un sur l'autre, les offre tellement unis et confondus, qu'on ne peut les concevoir séparés (1).

61. Est-il des actions de cette espèce? et, s'il en est, quelles sont-elles? Entre ces deux questions, la seconde depuis long-temps divise les jurisconsultes; et la première, sur laquelle tous sont d'accord, me paraît toutefois susceptible de difficultés non moins sérieuses.

62. Les lois romaines, en certains endroits, qualifient de *mixtes* l'action en pétition d'hérédité (2), et les actions en partage et en bornage (3).

63. Vinius, au contraire, s'étayant d'autres passages de ces mêmes lois, qualifie de *réelle*

---

(1) *Voy.* M. Poncet, *Traité des Actions*, n° 132.

(2) *Hereditatis petitionem quæ adversus pro herede vel pro possessore possidentem exerceri potest, præscriptione longi temporis non submoveri nemini incognitum est : cùm mixtæ personalis actionis ratio hoc respondere compellat.* (l. 7, C., *de Petitione hereditatis.*)

(3) *Quædam actiones mixtam causam obtinere videntur, tàm in rem, quàm in personam : qualis est familiæ erciscundæ actio ;.... item communi dividundo ;.... item finium regundarum actio, ...* (Inst., § 20).

l'action en pétition d'hérédité (1), et de *person-nelles* les actions en partage et en bornage (2).

64. A la différence des lois romaines, qui, pour la plupart, empruntées aux décisions des anciens jurisconsultes, en avaient conservé les formes doctrinales; nos lois, unique ouvrage du législateur dont le propre est d'ordonner, non de rendre compte de ce qu'il ordonne, nos lois, dis-je, nulle part n'offrent de pareils développemens. Ce serait donc vainement qu'on y chercherait des lumières sur le point de droit qui nous occupe.

65. Quant à la jurisprudence des arrêts, loin de dissiper les doutes, elle les augmente, et cela

---

(1) *Petitioni hereditatis, cùm ea sit actio in rem, non videtur convenire hæc qualitas, ut reputetur actio bonæ fidei :* ... (Vin. ad Inst., lit. *de Actionibus*, § 28, n° 8.)

(2) *Per occasionem, quod proximè dixerat de actionibus mixtis, subjicit tres* alias *actiones quas et ipsas mixtas videri* ait, *videlicet, familiæ erciscundæ, communi dividundo, finium regundorum....*

Notandum autem, quod non simpliciter ait has actiones mixtam causam obtinere, tàm in rem, quàm in personam; sed obtinere videri, *nimirùm quia id præ se ferunt, reverâ autem sunt actiones* in personam omninò; *quippè quæ tales origine et essentiâ suâ, quamvis fine et effectu nonnihil cum actionibus in rem commune habeant.* (Ibid., § 20, n° 20.)

par plusieurs décisions d'autant plus susceptibles d'égarer, que la source dont elles éma-
nent inspire plus de confiance, et mérite plus
de respect (1).

66. Affligé d'un tel chaos, M. Poncet a conçu
le noble et hardi projet de rappeler la jurisprudence à des principes plus fixes; et le système
qu'il a proposé à cet égard est sans doute fort
ingénieux.

67. Ce système peut être ramené à deux propositions. Nous allons successivement les exposer, ainsi que les motifs qu'en a donnés
M. Poncet, et les réflexions que nous a sug-
gérées l'examen de ces motifs.

68. Première proposition.

Sont mixtes, et seules mixtes, sous le double
rapport de leur nature et de leur objet, l'action en bornage, celle en partage, et l'action
possessoire.

69. Pour établir cette première proposition,
M. Poncet fait valoir les considérations suivantes (2).

---

(1) Voy. *infrà*, n° 509.

(2) *Voy.* M. Poncet, *Traité des Actions,* n°ˢ 64, 65, 132,
133.

70. 1° Les actions *en bornage* et celles *en partage* sont *mixtes*, aussi bien par leur nature que par leur objet.

71. *Par leur nature :* Elles dérivent tout à la fois du droit de propriété prétendu par le demandeur dans la chose à borner ou à partager, et de l'obligation imposée par la loi (1) à tout communier, sitôt qu'il en est requis, de procéder au bornage ou au partage.

72. *Par leur objet :* Les unes et les autres ont simultanément pour but l'obtention de la portion revendiquée dans l'objet indivis, et l'exécution de l'obligation légale de borner ou de partager.

73. 2° L'action *possessoire* est également *mixte*, aussi bien par sa nature que par son objet.

74. *Par sa nature :* Elle dérive tout à la fois, du droit de possession prétendu par celui qui a été troublé ou dépouillé, et du trouble ou de la spoliation, qui est un fait personnel et obligatoire de la part de celui qui en est l'auteur.

75. *Par son objet :* Elle a simultanément pour but la cessation du trouble ou de la spoliation, et la réparation du tort causé.

----

(1) Voy. *Cod. civ.*, art. 646 *et* 815, 1ᵉʳ alinea.

76. Tels sont les motifs sur lesquels se fonde M. Poncet, pour établir sa première proposition. Mais ne peut-on pas lui opposer d'abord l'opinion qu'ailleurs il émet relativement à l'action *possessoire*; action qu'avec raison il qualifie de *réelle immobilière* (1)? Ne peut-on pas lui opposer encore que, de toutes les actions *réelles*, il n'en est aucune peut-être qui ne présente le double caractère que M. Poncet prétend appartenir aux actions mixtes exclusivement?

77. Ma première objection consiste à dire que, du propre aveu de M. Poncet, l'action *possessoire* doit être qualifiée de *réelle immobilière* (2): d'où j'infère contre lui, qu'elle n'est pas *mixte*, comme ailleurs il croit devoir l'appeler (3); attendu que, d'après le même auteur, l'action *mixte* est celle où « les deux caractères « de personnalité et de réalité sont tellement

______

(1) « *L'action possessoire* est celle par laquelle nous re- « vendiquons la possession d'un immeuble, ou d'un droit « incorporel immobilier.

« C'est une action *réelle immobilière* » (*Traité des Actions*, n° 57.)

(2) Voy. *Traité des Actions*, n° 57, précité.

(3) Voy. *ibid*, n° 132, 133.

« unis et confondus, qu'on ne peut les conce-
« voir séparés, même par la pensée (1). »

78. Ma seconde objection consiste à dire que, de toutes les actions *réelles*, il n'en est aucune peut-être qui ne présente le double caractère que M. Poncet prétend appartenir aux actions mixtes, exclusivement. Cette seconde objection a besoin de quelques développemens.

79. Afin de fixer les idées, considérons, par exemple, l'action résultant, pour l'acquéreur, du contrat de vente (2); action que nous avons dit être *purement réelle* (3). En premier lieu, ne dérive-t-elle pas à la fois, et du droit de propriété sur la chose vendue, droit immédiatement transmis à l'acquéreur par le contrat de vente (4), et de l'obligation imposée par la loi au vendeur, de délivrer la chose vendue (5)?

(1) Voy. *Traité des Actions*, n° 132.

(2) Et l'on pourrait en dire autant de l'action en pétition d'hérédité, où, bien que conféré par la loi, et non par l'homme, le droit réel n'en est pas moins *immédiatement* conféré; et cela, suivant l'ancienne maxime : *le mort saisit le vif*, maxime consacrée de nouveau par les articles 777 et 883 de notre Code civil.

(3) Voy. *suprà*, n° 52.

(4) Voy. *Cod. civ.*, art. 1583, et *suprà*, n° 52 à 54.

(5) Voy. *Cod. civ.*, art. 1603.

Elle serait donc, suivant la doctrine professée par M. Poncet, *mixte par sa nature*. En second lieu, n'a-t-elle pas simultanément pour but, et l'exécution de cette obligation légale, et la revendication de cette propriété? Elle serait donc, suivant la doctrine professée par M. Poncet, *mixte* par son objet. Or, M. Poncet ne qualifie de mixtes par leur nature et par leur objet que l'action en bornage, celle en partage, et l'action possessoire. Donc il se trouve réduit à opter entre ces deux partis; ou de convenir, qu'outre les actions qu'il a signalées comme seules mixtes, et par leur nature, et par leur objet, il en existe encore d'autres qui offrent absolument les mêmes caractères; ou de convenir que les caractères par lui assignés aux actions mixtes leur sont communs avec d'autres actions, qu'ainsi ces caractères cessent de leur être exclusivement propres, et d'offrir un moyen sûr de les distinguer.

8o. Pour atténuer notre seconde objection, M. Poncet dira-t-il que, si l'action résultant, pour le vendeur, du contrat de vente, a simultanément pour but, et l'exécution de l'obligation légale, et la revendication de la propriété; toujours est-il incontestable qu'elle ne dérive pas, à la fois, et de la propriété transmise par le contrat, et de l'obligation imposée par la loi ; celle-ci n'étant que la suite et la conséquence de celle-là ; et celle-là, par conséquent, ayant une priorité d'origine qui détruit toute idée d'action mixte (1)?

Nous répondrions, en premier lieu, que cette objection qu'il ferait à la nôtre ne serait pas fondée ; attendu que l'obligation de délivrer est imposée au vendeur dans le même moment où la propriété est transmise à l'acquéreur ; et que celle-ci, par conséquent n'a, vis-à-vis de celle-là, aucune priorité d'origine.

Nous lui répondrions, en second lieu, que, son objection fût-elle fondée, on pourrait facilement la rétorquer contre lui, en l'appliquant aux trois espèces d'actions par lui qualifiées de *mixtes*, et qui ainsi se trouveraient toutes des actions *purement réelles*.

81. Combinant ensemble nos deux réponses, et les supposant péremptoires, comme elles nous paraissent l'être ; M. Poncet se trouverait dans l'alternative, ou de renoncer aux actions *réelles*, pour n'en reconnaître plus que de per-

____

(1) Voy. *suprà*, n° 60, 77.

sonnelles et de mixtes ; ou, ce qui, à notre avis, serait infiniment préférable, et paraît d'ailleurs plus conforme à sa pensée dominante, de n'en reconnaître plus que de *personnelles* et de *réelles*.

82. Seconde proposition.

Est mixte, et seule mixte, sous le triple rapport, de son objet, de sa nature et de ses effets, l'action en partage d'une ou de plusieurs choses spéciales indivises entre des communiers.

83. Pour établir cette seconde proposition, M. Poncet fait le raisonnement que voici (1) :

Des trois espèces d'actions mixtes dont il a été parlé dans la première proposition, à savoir, l'action en bornage, celle en partage et l'action possessoire, l'action en partage d'une ou de plusieurs choses spéciales indivises entre des communiers est la seule qui soit mixte dans ses effets ; la seule par conséquent où l'on ait le choix de s'adresser, soit au tribunal du domicile du défendeur, soit au tribunal de la situation de l'objet litigieux (2) ; l'action en bornage, ne pouvant être régulièrement intentée

---

(1) Voy. *Traité des Actions*, n° 133.

(2) Voy. *Cod. de Procéd. civ.*, art. 59, 4ᵉ alinéa.

que devant le tribunal de la situation (1) ; celle
en partage d'une succession ou d'une société ,
que devant le tribunal de l'ouverture de l'une (2)
et de l'établissement de l'autre (3); l'action possessoire , enfin , que devant le juge de paix de
la situation de l'objet litigieux (4).

84. Nous le demandons à M. Poncet : Cette
seconde proposition , supposé qu'elle soit vraie
(question que nous examinerons dans un moment (5)), ne démontre-t-elle pas jusqu'à l'évi-
dence que la première proposition , supposé
qu'elle le fût (et nous avons vu jusqu'à quel
point on peut raisonnablement en douter), ne
serait que l'expression d'une vérité de pure théorie ; d'une vérité dès-lors dont la connaissance ne
saurait être d'aucune utilité dans la pratique ?
car, sous ce dernier point de vue , que serait-ce

---

(1) *Voy.* art. 59 des *Observations de la Cour de Cassation sur le Cod. de Procéd. civ.*, rapportées par **M.** Sirey en
tête du tome IX de son Recueil.

(2) Voy. *Cod. de Procéd. civ.*, art. 50 3° et 59, 6ᵉ alinéa.

(3) Voy. *ibid*, art. 50 , 2ᵉ alinéa et 59 , 5ᵉ alinéa.

(4) Voy. *Cod. de Procéd. civ.*, art. 3, 1° et 2°.

(5) *Voy.* le n° suivant.

qu'une action mixte de tout point, hormis par ses effets?

85. Mais venons maintenant à l'examen de cette seconde proposition, considérée en elle-même; et voyons si elle ne pourrait pas aussi, comme la première, être contestée.

86. L'action en partage d'une chose spéciale a pour objet un immeuble ou un meuble.

Si un *immeuble;* quelle raison pourrait-il y avoir de ne pas appliquer ce que dit M. Poncet lui-même de l'action en bornage, action que, de concert avec la Cour de cassation, il considère comme ne pouvant être régulièrement intentée que devant le tribunal de la situation (1)?

Si un *meuble;* ce meuble a, ou n'a pas acquis une situation fixe.

Au premier cas, n'est-ce pas la règle des immeubles que l'on doit appliquer? règle d'après laquelle, ainsi qu'on vient de le voir (2), c'est au tribunal de la situation qu'il faut s'adresser.

Au second cas, n'est-ce pas à la règle des meubles? règle d'après laquelle, ainsi qu'ail-

____

(1) Voy. *Traité des Actions*, n° 133, cité au n° 71, *suprà.*

(2) Voy. *suprà*, n° 86.

leurs on l'a vu (1), c'est au tribunal du domicile du défendeur.

87. Hâtons-nous de conclure. Si les réflexions que nous avons osé risquer sur un sujet si grave, se trouvaient avoir quelque justesse, on verrait s'écrouler, comme manquant absolument de base, la doctrine, d'ailleurs si séduisante, des actions mixtes; doctrine qu'on rencontre partout, doctrine qui a fait éclore tant de dissertations savantes, et que suppose même un article formel de notre Code de procédure civile (2); doctrine pourtant dont on chercherait vainement aujourd'hui l'application, et que la théorie ne présenterait désormais que comme un débris d'un édifice qui ne subsiste plus.

§ VI.

Des Actions mixtes imparfaites.

88. L'action *mixte imparfaite* est celle qui, présentant les deux caractères de personnalité et de réalité, et cela sans aucune prédominance

---

(1) Voy. *suprà*, n° 20.

(2) Voy. *suprà*, n° 59, 4e alinéa.

de l'un sur l'autre, ne les offre réunis que par le concours purement accidentel de deux actions, l'une personnelle, l'autre réelle, et qui, loin qu'on ne puisse les concevoir séparées, toujours peuvent, souvent même doivent être séparées dans leur exercice (1).

89. Prenons pour exemple l'action mixte imparfaite résultant, quant à la personnalité, d'une obligation notariée (2), et, quant à la réalité, d'une stipulation d'hypothèque insérée dans l'acte. Bien qu'une telle action puisse être exercée sous chacun de ces deux rapports à la fois, lorsque l'immeuble n'a point passé en d'autres mains, et que, de plus, il se trouve situé dans l'arrondissement même où le débiteur a son domicile; non-seulement elle peut toujours être exercée sous l'un des deux rapports séparément; mais encore elle le doit nécessairement, si l'immeuble a passé en d'autres mains, ou s'il a pour situation un arrondissement autre que celui du domicile du débiteur (3).

(1) *Voy.* M. Poncet, *Traité des Actions*, n° 127.

(2) **Les seules qui admettent une stipulation d'hypothèque. (** Voy. *Cod. civ.*, art. 2127).

(3) *Voy.* M. Poncet, *Traité des Actions*, n° 130.

SECTION III.

De quelle manière se détermine la valeur d'une action.

90. La valeur d'une action quelconque se mesure par celle de la demande principale, ou des demandes principales, dont se compose cette même action.

91. J'ai donc à dire, d'abord, comment s'apprécie la valeur d'une demande; ensuite, pourquoi les demandes principales doivent toutes être considérées dans l'évaluation de l'action; enfin, pourquoi seules elles doivent l'être dans cette même évaluation; d'où la division de la présente section en trois paragraphes respectivement consacrés à l'examen de chacune de ces trois questions.

§ Ier

Comment s'apprécie la valeur d'une demande?

92. Toute demande a pour objet un immeuble ou un effet mobilier.

93. La valeur, dans le premier cas, n'en peut être fixée que par un revenu déterminé, soit en rente, soit par prix de bail (1).

---

(1) *Voy.* loi du 24 août 1790, tit. IV, art. 5.

94. Elle ne peut l'être, dans le second, que d'après les distinctions suivantes :

95. S'agit-il de la réclamation d'une somme d'argent ? ici, c'est le montant de cette somme qui détermine la valeur de la demande.

96. S'agit-il d'une restitution de denrées, de l'espèce de celles dont le prix est consigné sur les mercuriales ? là, c'est le taux de ces mercuriales qui doit être uniquement consulté (1).

97. S'agit-il enfin de la revendication de tout autre effet mobilier ? alors, c'est l'évaluation qu'aurait donnée à cet objet le demandeur, qui seule peut établir la valeur de la demande (2).

98. Relativement à cette dernière espèce d'action mobilière, M. Henrion de Pansey propose une distinction qui, à mon avis, est au moins susceptible de controverse.

Il veut que la valeur de la revendication d'une chose perdue ou volée se règle par le prix moyennant lequel cette chose aurait été achetée dans une foire, un marché, une vente

---

(1) *Voy.* M. Henrion de Pansey, *Compétence des Juges de paix*, p. 124.

(2) **Voy.** *ibid.*

publique, ou auprès d'un marchand vendant des choses pareilles (1).

Il en donne pour raison, que l'art. 2280 du Code civil ne permet alors, au propriétaire de la chose, d'en former la réclamation, qu'en, par celui-ci, remboursant au possesseur le prix qu'elle lui a coûté. D'où la conséquence, si l'on en croit cet auteur, que ce prix détermine, en effet, la valeur de la demande.

99. Cette conséquence me paraît mal déduite, et voici pourquoi.

De ce que le législateur a voulu que celui qui aurait acheté publiquement une chose perdue ou volée, ne fût tenu de la rendre au propriétaire que moyennant le remboursement préalable, fait au premier, de la somme par lui déboursée ; résulte-t-il de là que le législateur aït voulu établir en principe, et que cette chose ne puisse être d'un prix plus élevé que celui obtenu dans une vente publique, et que ce dernier prix doive en conséquence être l'unique base de l'évaluation de la demande ? Non, sans doute. Mais il en résulte seulement que le lé-

______

(1) Voy. *Compétence des Juges de paix*, pages 123 et 124.

gislateur a voulu que la bonne foi mît à l'abri de toute perte.

Ne serait-ce pas, en effet, un paradoxe, que de soutenir qu'une vente ne peut se faire qu'à juste prix, par cela seul qu'elle a lieu publiquement? et ne voit-on pas, tous les jours, que des choses vendues de cette manière le sont bien au-dessous de leur valeur véritable?

100. Ceux qui ont dérobé, ou qui, frauduleusement, retiennent ce qu'ils ont trouvé, poussent rarement l'effronterie jusqu'à exposer eux-mêmes en vente les fruits de leurs larcins ou de leur infidélité : ils ont leurs entremetteurs, personnages abjects, qui leur en facilitent le débit : et de cette source impure découlent ces marchés honteux que l'on n'avoue pas, ou que l'on couvre du spécieux nom de marché de hasard, qui souvent se pratiquent dans les ténèbres, mais qui peuvent aussi avoir lieu sur les foires comme partout ailleurs.

101. Et, supposé même que le prix auquel la chose volée ou perdue pourrait être raisonnablement portée, ne puisse être supérieur à celui auquel elle l'a été réellement dans une foire, un marché, ou toute autre vente publique; serait-ce encore une raison suffisante pour

que ce dernier prix dût fixer infailliblement et irrévocablement la valeur de la demande ? pas davantage ; car cette chose, pour la personne qui en a été privée, peut avoir une valeur d'affection beaucoup plus considérable : et quelle raison dès lors y aurait-il de faire abstraction de cette dernière valeur dans l'évaluation de la demande ?

102. On conçoit que celui qui revendique un effet mobilier, et conclut alternativement, soit à la restitution de l'objet, soit, par forme de dommages-intérêts, au paiement d'une certaine somme, ne puisse plus revenir sur une estimation devenue son ouvrage. Mais, que celui qui réclame un objet auquel sont attachés des souvenirs chers, pour tout dédommagement de l'obstination du possesseur, à ne pas lui délivrer cet objet, soit tenu de se contenter de la misérable somme à laquelle ce même objet a été vendu, ou publiquement, ou par un marchand vendant des choses pareilles, ne serait-ce pas le comble de l'injustice ?

103. Il y a plus : le possesseur, dans le système que je combats, pourrait soutenir que, la valeur de l'action n'excédant point le taux de l'indemnité à laquelle il aurait droit,

en délivrant la chose ; supposé qu'il lui plût de ne pas la délivrer, il s'opérerait une sorte de compensation qui aurait pour effet de l'affranchir de toute condamnation à des dommages-intérêts ; c'est-à-dire, en d'autres termes, qu'une obligation légale ne serait pas cependant obligatoire : conséquence si évidemment absurde, qu'elle doit faire rejeter le principe d'où elle dérive.

104. Si maintenant on me demandait quelle autre base d'évaluation je prétends donc substituer à celle dont je viens de démontrer la fausseté ; il me suffirait de rappeler la règle que j'ai établie plus haut (1), et d'après laquelle on ne saurait assigner aucune valeur à la chose mobilière, lorsqu'elle ne consiste, ni en une somme d'argent, ni en denrées appréciables au taux des mercuriales ; aucune valeur, dis-je, autre que celle qu'aurait assignée lui-même le demandeur. Et de là je tirerais la conséquence que, l'action étant d'une valeur indéterminée, si le demandeur lui-même n'en a pas fixé la valeur, le juge de paix ne peut en connaître.

---

(1) Voy. *suprà* , n° 97.

§ II.

Pourquoi les demandes principales doivent-elles toutes etre considérées dans l'évaluation de l'action ?

105 Les demandes principales doivent toutes être considérées dans l'évaluation de l'action.

En effet, également indépendantes les unes des autres, il ne serait pas raisonnable que l'une d'entre elles fût de préférence considérée pour cette évaluation ; également parties intégrantes d'une seule et même action, il ne serait pas raisonnable de voir, dans chacune d'elles, une action distincte et séparée.

Tel est le principe , montrons-en l'application.

106. Les demandes principales ouvrent l'instance, ou s'y réfèrent.

Les premières s'appellent *originaires*, les autres , *réconventionnelles*.

107. Pour que les demandes originaires doivent toutes être considérées dans l'évaluation de l'action, il faut que toutes soient ; 1° formées du chef d'une même personne ; 2° dirigées

contre une même personne ; 3° introduites par un même exploit (1).

108. *Formées du chef d'une même personne.* Car vainement plusieurs créanciers non solidaires (2) se seraient-ils réunis pour former, au même débiteur, et par le même exploit, diverses demandes ; on pourrait bien voir là unité d'instance, on n'y verrait jamais unité d'action (3).

109. *Dirigées contre une même personne.* Car vainement un même créancier aurait, par un même exploit, formé diverses demandes contre plusieurs débiteurs non solidaires (4) ; on pourrait bien voir là, encore, unité d'instance ; on n'y verrait jamais non plus unité d'action.

110. *Introduites par un même exploit.* Car

---

(1) *Voy.* M. Henrion de Pansey, *Compétence des Juges de paix*, chap. 13 ; *Répertoire de Jurisprudence*, au mot *Degré de juridiction*, §§ 6 et 7, et *Questions de Droit*, au même mot, § 6.

(2) Qu'entend-on par *créanciers solidaires ?* (Voy. *Cod. civ.*, art. 1197.)

(3) *Voy.* M. Henrion de Pansey, *Compétence des Juges de paix*, chap. 14.

(4) Qu'entend-on par *débiteurs solidaires ?* (Voy. *Cod. civ.*, art. 1200.)

vainement un même créancier ne se serait-il adressé qu'à un même débiteur, s'il avait formé ses demandes par autant d'exploits séparés; il en aurait fait dès-lors l'objet d'autant d'actions particulières.

111. Pour que les demandes réconventionnelles doivent, en cette qualité, concourir avec les demandes originaires dans l'évaluation de l'action, il faut qu'elles soient : 1° opposées par forme de défense à la demande originaire; 2° fondées sur un fait antérieur à la demande originaire; 3° contestées par le demandeur originaire.

112. *Opposées par forme de défense à la demande originaire.* Car, autrement, elles ne pourraient être reçues dans l'instance entamée, et devraient faire la matière d'un procès séparé (1).

113. *Fondées sur un fait antérieur à la demande originaire.* Car, autrement, elles ne se-

____

(1) Pour être véritablement réconventionnelle, la demande formée par le défendeur ne doit pas être indépendante de la demande originaire ; elle doit au contraire s'y rattacher par un rapport quelconque, celui de la compensation, par exemple.

raient qu'un pur accessoire de cette demande, et devraient en suivre le sort (1).

114. *Contestées par le demandeur originaire.* Car, autrement, elles n'augmenteraient véritablement pas la valeur du litige (2).

115. Au regard des demandes réconventionnelles, observons, qu'ainsi qu'on le verra plus tard (3), il est un cas particulier où, bien que revêtues des trois conditions qui viennent d'être énumérées, elles ne doivent point concourir avec les demandes originaires dans l'évaluation de l'action, et dès lors dans le calcul de la compétence.

---

(1) *Voyez* les arrêts des 30 juin et 22 octobre 1807, 11 mars 1813, 3 août 1820, et 28 janvier 1821, rapportés dans le recueil de M. Sirey, tome VII, 2ᵉ partie, p. 897 ; tome VIII, 1ʳᵉ partie, p. 74 et 75 ; tome XIII, 1ʳᵉ partie, p. 332 et 333 ; tome XXI, 1ʳᵉ partie, p. 183 à 185 ; tome XXII, 1ʳᵉ partie, p. 295 et 296.

(2) Voy. *Répertoire de Jurisprudence*, au mot *Dernier ressort*, § 5.

(3) Voy. *infrà*, n° 498.

(50)

§ III.

Pourquoi les demandes principales doivent-elles seules être considérées dans l'évaluation de l'action ?

116. Les demandes principales doivent seules être considérées pour l'évaluation de l'action.

117. On ne peut, en effet, pour cela s'en rapporter, ni au montant des demandes incidentes (1), ni à celui des condamnations (2).

118. *Au montant des demandes incidentes.* Car elles ne sont que des demandes accessoires qui, subordonnées aux demandes principales, en doivent suivre le sort.

119. *Au montant des condamnations.* Car, supposé qu'on les adoptât pour base de l'évaluation de l'action intentée, il en résulterait que le juge, qui ne peut tenir ses pouvoirs que de la loi, deviendrait cependant alors le souverain arbitre de sa compétence (3).

----

(1) *Ubi acceptum semel est judicium, ibi et finem accipere debet.* Lib. 3, ff. *de judiciis et ubi quisque agere et conveniri potest.*

(2) *Quoties de quantitate ad jurisdictionem pertinente quæritur, semper quantùm petatur quærendum est, non quantùm debeatur.* Lib. 19, § 1, ff. *de Jurisdictione.*

(3) Voy. *infrà*, n° 134, 510.

SECONDE CLASSE.

Actions d'une valeur indéterminée.

120. La seconde classe des attributions ci-viles-judiciaires du juge de paix comprend les actions mentionnées en l'article 10 du titre III de la loi du 24 août 1790.

Cet article est ainsi conçu :

« Il (le juge de paix) connaîtra de même, « sans appel, jusqu'à la valeur de cent francs (1); « et, à charge d'appel, à quelque valeur que la « demande puisse monter :

« 1° Des actions pour dommages faits, soit « par les hommes, soit par les animaux, aux « champs, fruits et récoltes;

« 2° Des déplacemens de bornes, des usurpa-« tions de terres, arbres, haies, fossés et autres

____

(1) Au mot *livres*, qui se trouve dans le texte, j'ai substitué le mot *francs*, et je motive cette légère altération sur les raisons déduites au n° 23 , *suprà*.

(52)

« clôtures, commis (1), dans l'année; des entre-
« prises sur les cours d'eau servant à l'arrose-
« ment des prés, commises pareillement dans
« l'année; et de toutes autres actions posses-
« soires;

« 3° Des réparations locatives des maisons et
« fermes;

« 4° Des indemnités prétendues par le fermier
« ou locataire pour non-jouissance, lorsque le
« droit de l'indemnité ne sera pas contesté, et
« des dégradations alléguées par le proprié-
« taire;

« 5° Du paiement des salaires des gens de tra-
« vail, des gages des domestiques, et de l'exécu-
« tion des engagemens respectifs des maîtres
« et de leurs domestiques ou gens de travail;

« 6° Des actions pour injures verbales, rixes
« et voies de fait, pour lesquelles les parties ne se
« seront point pourvues par la voie criminelle. »

---

(1) Dans plusieurs recueils de lois, et notamment dans
la collection de Rondonneau, Paris, 1817, on lit *commises*. C'est une faute évidemment; il faut *commis* : car,
dans l'esprit de la loi, ce terme doit se rapporter aussi bien
aux *déplacemens* qu'aux *usurpations*. M. Henrion de Pansey
partage ce sentiment, puisqu'il a écrit *commis*, en citant
ce texte à la page 84 de sa *Compétence des Juges de paix*.

121. Je traiterai à part, et suivant leur ordre matériel, les actions énumérées dans cet article, en leur consacrant à chacune un titre particulier, après avoir fait, de quelques observations générales, le sujet d'un titre préliminaire.

TITRE PRÉLIMINAIRE.

Observations générales.

122. De même que j'ai qualifié d'attributions d'une valeur déterminée les actions comprises dans la première classe ; et cela parce que le juge de paix ne peut en connaître au-dessus de cent francs : de même je qualifie d'attributions d'une valeur indéterminée les actions comprises dans la seconde classe ; et cela parce que ce magistrat est compétent pour y statuer, à quelque valeur qu'elles s'élèvent.

123. Toutefois, il est à remarquer que la seconde classe a cela de commun avec la première ; que, dans l'une et dans l'autre, le juge de paix ne peut, sur aucune des actions qui y sont comprises, prononcer sans appel, qu'autant que la valeur en est déterminée à une somme qui n'excède pas cinquante francs : d'où la conséquence, que les règles servant à déterminer la valeur d'une action, règles précédemment ex-

posées (1), et sur lesquelles, par cette raison, je ne reviendrai pas ici; que ces règles, dis-je, toujours indispensables au juge de paix pour prononcer avec discernement sur les actions de la première classe, ne lui sont pas moins nécessaires pour prononcer avec discernement sur celles de la seconde; non pas, il est vrai, au regard de celles-ci, afin de savoir s'il doit en connaître, l'affirmative étant hors de doute ; mais s'il doit donner à son jugement la qualification de jugement en premier ressort, c'est-à-dire à charge d'appel; ou bien de jugement en premier et dernier ressort tout ensemble, c'est-à-dire sans appel.

124. Pour peu qu'on veuille réfléchir sur la dénomination générique qui convient aux actions de cette seconde classe, on reconnaîtra, non sans quelque étonnement peut-être, qu'à l'exception des actions possessoires qu'on sait être réelles-immobilières (2), toutes sont purement personnelles et mobilières, c'est-à-dire du genre même de celles que nous avons dit composer exclusivement la première classe.

---

(1) Voy. *suprà*, n°s 90 à 119.

(2) Voy. *suprà*, , n° 77.

125. Serait-on fondé à en faire un reproche au législateur, et à prétendre que la division par lui établie (car c'est de lui que nous l'avons empruntée (1)) manque de justesse ?

Assurément non. Car, après avoir statué sur tout un genre d'actions, que pouvait-il y avoir je ne dirai pas de contradictoire, mais seulement de peu conforme aux règles du raisonnement, à ce qu'on en ait ensuite détaché quelques espèces, pour les soumettre à des règles spéciales ? or, c'est là précisément ce qu'a fait le législateur en conférant au juge de paix la connaissance de certaines actions purement personnelles et mobilières, d'une valeur indéterminée ; bien qu'en thèse générale il ne lui ait attribué la connaissance des actions de ce genre, qu'alors qu'elles sont d'une valeur déterminée et n'excèdent pas cent francs.

---

(1) *Voy.* les textes de loi précités aux nᵒˢ 10 et 120,

TITRE PREMIER.

Première attribution.

126. *Il* (le juge de paix) *connaîtra de même, sans appel, jusqu'à la valeur de cent francs ; et, à charge d'appel, à quelque valeur que la demande puisse monter :*

1° Des actions pour dommages faits, soit par les hommes, soit pas les animaux, aux champs, fruits et récoltes (1) ;....

127. Pour l'intelligence de ce texte, je me bornerai aux observations suivantes.

128. Première observation.

Des dommages qui ne peuvent être attribués, ni au fait de l'homme, ni à celui des animaux dont l'homme se sert, sont des fléaux que la prudence humaine ne saurait prévoir, encore moins empêcher, et dont personne, en conséquence, ne peut être responsable.

______

(1) *Voy.* le texte de loi cité au n° 120 *suprà.*

129. Deuxième observation.

En parlant des animaux dont les dégâts peuvent donner lieu à l'action en dommages - intérêts , le législateur n'a pu entendre que les animaux domestiques, et non les animaux sauvages, qui, placés (sinon d'après l'ordre primitif de la création , du moins d'après l'ordre actuel de la nature) hors de la domination de l'homme, ne sauraient être l'objet de sa surveillance.

130. Troisième observation.

Les dommages occasionés par les hommes ou par les animaux , aux champs, fruits et récoltes , ne donnent souvent lieu qu'à des réparations civiles très - modiques, et pour lesquelles deux degrés de juridiction seraient une véritable calamité.

131. Or, le demandeur a deux moyens de parer à ce grave inconvénient.

132. Il peut d'abord fixer , dans l'exploit introductif d'instance , la somme à laquelle il évalue le dommage qu'il a éprouvé (1).

133. Il peut , en second lieu , requérir le

---

(1) Voy. *suprà*, n°s 95 , 97.

juge de paix d'estimer ou de faire estimer ce même dommage (1).

134. Mais, dans aucun cas, le juge de paix ne pourrait, en pareille matière, s'arroger une compétence souveraine (2), en évaluant le dommage sans en avoir été requis par le demandeur (3).

(1) Argument tiré de l'art. 148 du Cod. d'inst. crim.

(2) Voy. *infrà* , n° 449.

(3) Voy. *infrà*, n° 510.

TITRE SECOND.

Seconde attribution.

135. *Il* (le juge de paix) *connaîtra de même, sans appel, jusqu'à la valeur de cent francs ; et, à charge d'appel, à quelque valeur que la demande puisse monter :*

1°. . . . . (1)

2° *Des déplacemens des bornes, des usurpations de terres, arbres, haies, fossés et autres clôtures, commis dans l'année ; des entreprises sur les cours d'eau servant à l'arrosement des prés, commises pareillement dans l'année, et de toutes autres actions possessoires* (2).

136. Ces dernières expressions, *et de toutes autres actions possessoires*, prouvent que l'énumération consignée dans le texte que je viens de transcrire, n'est pas limitative, et que toutes

---

(1) Voy. *suprà*, n° 126.
(2) Voy. *suprà*, n° 120.

les actions connues en droit sous le nom de *possessoires*, sont de la compétence du juge de paix (1).

137. J'aurai à parler en général, 1° de l'action possessoire; 2° de la division de cette action en complainte et en réintégrande; 3° de la valeur qu'il convient d'attribuer à cette même action. J'aurai à parler en particulier, 1° des diverses espèces d'actions possessoires mentionnées dans le texte précité; (2) 2° d'une espèce qui n'y est point mentionnée, et que les Romains nommaient dénonciation de nouvel œuvre. De là sort la division du présent titre en cinq chapitres, dont le premier traitera de l'action possessoire (3); le second, de la division de cette action, en complainte, et en réintégrande (4); le troisième, de la valeur qu'il convient d'attribuer à cette même action (5); le quatrième, des diverses espèces d'actions possessoires mentionnées au para-

----

(1) Voy. *infrà*, n° 511.

(2) Voy. *suprà*, n° 135.

(3) Voy. *infrà*, n°ˢ 138 à 316.

(4) Voy. *infrà*, n°ˢ 317 à 327.

(5) Voy. *infrà*, n°ˢ 328 à 335.

graphe 2 de l'article 10, titre III de la loi du 24 août 1790 (1); le cinquième, enfin, de la dénonciation de nouvel œuvre (2).

CHAPITRE PREMIER.

De l'action possessoire.

138. L'*action possessoire* est une prérogative attachée, par la loi, au fait d'une possession suffisamment caractérisée; prérogative dont l'effet, pour celui qui en est revêtu, et qui vient à être troublé, ou même dépouillé (3), consiste à lui faire obtenir, du juge de paix, soit la maintenue, soit la réintégration, dans cette possession, jusqu'a jugement à intervenir, de la part de l'autorité compétente (4), sur la question de propriété.

139. Or, que faut-il pour que la possession

____

(1) Voy. *infrà*, nᵒˢ 336, 355.

(2) Voy. *infrà*, nᵒˢ 354 à 372.

(3) Quand et comment est-on troublé dans sa possession, ou en est-on dépouillé? (Voy. *infrà*, nᵒˢ 169 à 180).

(4) Le tribunal civil d'arrondissement.

soit suffisamment caractérisée, et de manière dès lors à produire l'action possessoire? Suivant une jurisprudence constante, attestée par tous les auteurs (1), il faut qu'elle soit annale, paisible, publique, continue, non interrompue, à titre non précaire, et de chose prescriptible. La possession qui réunit tous ces caractères se nomme *saisine*.

140. Le premier de ces caractères, qui, comme l'on voit, a trait à la durée de la possession, est exclusivement propre à l'action possessoire; tandis que chacun de six autres qui, comme l'on voit aussi, ont trait, soit au mode, soit à l'objet de la possession (2), sont communs à la prescription et à l'action possessoire.

141. Destinée à ne faire naître qu'une simple présomption de propriété, la possession requise pour exercer l'action possessoire est dispensée, quant à sa durée, du long délai requis pour opérer ce qu'on appelle la prescription, c'est-à-dire, comme on le verra plus tard (3), la translation

---

(1) Voy. *infrà*, n° 512.

(2) Savoir, le dernier à l'objet ; les cinq qui précèdent, au mode.

(3) Voy. *infrà*, n° 277.

réelle et effective de la propriété, qui constituè alors la certitude.

142. Mais, bien que la présomption diffère de la certitude , et que celle -là ne soit pas toujours assujétie à des conditions aussi rigoureuses que celle-ci ; jamais, cependant, la première ne peut s'appuyer sur des faits qui seraient destructifs de la seconde. Ainsi, de même que, pour opérer la prescription , la possession, quant à son mode, doit être paisible, publique, continue, non interrompue, et à titre non précaire (1); et, quant à son objet, être d'une chose prescriptible (2); de même aussi, pour produire l'action possessoire , la possession, et quant à son mode, et quant à son objet, doit respectivement offrir les mêmes caractères; l'absence de l'un ne pouvant manquer d'entraîner la présence du vice diamétralement opposé.

143. Possession qui, quant à sa durée, diffère de la possession requise pour prescrire, mais qui, soit quant à son mode, soit quant à

---

(1) Voy. *Cod. civ.*, art. 2229.

(2) Le contraire impliquerait contradiction. Qu'entend-on, au surplus, par chose prescriptible? (Voy. *infrà*, nᵒˢ 276, 277.)

son objet, n'en diffère aucunement; tels sont les trois points de vue sous lesquels naturellement viennent se grouper les caractères de la saisine.

Ces trois points de vue vont faire l'objet des trois sections suivantes.

SECTION PREMIÈRE.

Durée de la possession requise pour autoriser l'action possessoire.

144. Le premier des caractères de la saisine, celui qui, comme on l'a vu (1), a trait à la durée de la possession, consiste en ce que cette possession doit être annale (2).

145. Il faut à la possession une durée suffisante; non-seulement afin que le public ait connaissance de cette possession; mais encore afin que le propriétaire ait eu le temps d'être instruit, et de se plaindre de l'usurpation qu'on aurait pu commettre contre lui (3).

---

(1) Voy. *suprà*, n° 139 à 141 et 143.

(2) Voy. *Cod. de Procéd. civ.*, art. 28.

(3) *Voy*. M. Poncet, *Traité des Actions*, n° 74, 1°.

146. Cette durée, pour être suffisante, ne pouvait être plus convenablement arbitrée qu'à une année complète (1), période qui naturellement embrasse les actes d'administration privée de toute espèce, et qui se nomme l'an et jour, à raison de ce qu'une année n'est complète qu'autant que celle qui suit immédiatement est commencée.

147. L'année de possession, requise pour autoriser l'action possessoire, ne peut s'entendre que de la dernière écoulée avant le trouble le plus récent (2).

148. Ainsi donc, quelqu'un m'a-t-il troublé dans la possession d'un fonds dont je jouissais depuis l'an et jour? Je puis, si d'ailleurs ma possession est accompagnée de tous les autres caractères qui constituent la saisine, intenter l'action possessoire ; mais je dois le faire dans l'année du trouble éprouvé (3).

149. La raison en est simple : à supposer, en

---

(1) Voy. *Cod. de Procéd. civ.*, art. 23.

(2) *Annum ex die interdicti retrorsùm computare debemus*, l. 1, § 3, ff., *de itinere actuque privato.*

(3) Voy. *infrà*, n° 513.

effet, que je voulusse me plaindre après l'année révolue depuis le trouble; l'auteur de ce trouble ayant lui-même en sa faveur la possession annale (à moins cependant que le trouble apporté par un tiers, ou quelque autre cause, n'y ait mis obstacle), et dès lors fondé à prendre pour trouble une action tardive, et à rétorquer ainsi contre moi mes propres conclusions (1).

150. Mais, dira-t-on, si l'auteur d'un trouble remontant à plus d'une année n'était pas lui-même recevable à intenter l'action possessoire; et cela, soit pour avoir été troublé postérieurement par un tiers, soit par suite de tout autre vice inhérent à sa possession; quel inconvénient y aurait-il alors à permettre au possesseur, troublé depuis plus de l'an et jour, d'exercer une action à laquelle son adversaire ne saurait prétendre ?

151. Je réponds que les actions à exercer en justice doivent avoir des règles fixes, et ne sauraient dépendre de circonstances absolument étrangères à la volonté de celui qui en est revêtu.

152. On s'étonne, et l'on demande quel se-

----

(1) *Voy.* M. Poncet, *Traité des Actions*, n° 89.

rait donc, en ce cas, le sort de la possession, pendant le litige sur la propriété ; puisque, d'une part, le possesseur actuel n'aurait pas l'action possessoire; et que, d'autre part, l'ancien possesseur s'en trouverait déchu ?

La difficulté se résout par cette règle bien connue : que, dans le cas où il y a concurrence entre plusieurs possessions également défectueuses, c'est la possession actuelle qui doit l'emporter : et telle est l'origine de ce qu'on est convenu d'appeler action possessoire improprement dite, par opposition à l'action possessoire proprement dite ; celle-ci ne pouvant résulter que d'une possession suffisamment caractérisée (1), tandis que celle-là peut résulter de toute possession actuelle plus ou moins défectueuse (2).

SECTION II.

Mode de la possession requise pour autoriser l'action possessoire.

153. Parmi les divers caractères de la sai-

---

(1) Voy. *suprà*, n° 139.

(2) Voy. *infrà*, n° 514.

sine , ceux qui, comme on l'a vu (1), ont trait au mode de la possession , consistent en ce que cette possession doit être paisible, publique, continue, non interrompue, à titre non précaire, et de chose prescriptible.

154. Je vais reprendre ces cinq caractères en autant de paragraphes.

§ Ier.

Possession paisible.

155. La *possession paisible* requise pour autoriser l'action possessoire (2), est celle qui ne doit son origine à aucun acte de violence, et qui s'est établie sans aucune espèce de contradiction (3).

156. Celui-là donc qui, de vive force, se serait emparé de la possession d'un héritage, ne pourrait, à moins d'un droit acquis, soit antérieurement, soit postérieurement à son indue entremise, excercer l'action possessoire contre celui qui l'inquiéterait dans sa jouissance ; ce qui toutefois n'empêcherait pas, ainsi qu'on

____

(1) Voy. *suprà* , n°s 139, 140, 142.

(2) Voy. *Cod. de procéd. civ.* , art. 23.

(3) Voy. M. Poncet, *Traité des Actions*, n° 74, 2°.

l'a vu dans la section précédente (1), qu'il ne dût être gardé et maintenu, par le juge de paix, contre les entreprises du tiers qui, comme lui, se trouverait n'avoir aucun droit à l'action possessoire proprement dite.

§ II.

Possession publique.

157. La publicité est l'âme de la possession, parce qu'elle suppose la bonne foi, source première des avantages attachés à l'action possessoire.

158. Quand je dis que la publicité suppose la bonne foi ; cela signifie, non pas qu'elle en soit inséparable, mais qu'elle en est le caractère le plus habituel.

159. Elle n'en est pas inséparable : car on peut prescrire, sans être de bonne foi (2); bien qu'on ne le puisse, sans posséder publiquement (3).

----

(1) Voy. *suprà*, n° 152.

(2) Voy. *Cod. civ.*, art 2262 et 2269.

(3) Voy. *ibid.* art. 2229.

160. Elle en est le caractère habituel : car la mauvaise foi ne se présumant pas (1), il en résulte que les circonstances où elle est prouvée doivent être considérées comme de pures exceptions, et qui, comme telles, ne peuvent servir de type à la règle générale.

161. Si j'ajoute que la bonne foi est la source première des avantages attachés à l'action possessoire; c'est pour marquer qu'elle n'est qu'une cause générale et éloignée de cette action, et non pas la cause unique et immédiate.

162. La bonne foi n'est pas la cause unique de l'action possessoire; puisque ainsi qu'on vient de le dire (2), la publicité, même dépourvue de bonne foi, peut suffire.

163. La bonne foi n'est pas la cause immédiate de l'action possessoire, puisqu'elle n'opère qu'autant qu'elle est jointe à la publicité, condition sans laquelle la bonne foi ne pourrait se produire au dehors, et serait méconnue (3).

---

(1) Voy. *Cod. civ.*, art. 2268.

(2) Voy. *suprà*, n° 159.

(3) Voy. *infrà*, n° 515.

§ III.

Possession continue.

164. Pour que la possession soit *continue*, il faut que le possesseur, par lui-même ou par ses agens, n'ait pas cessé de vaquer à tous les actes de culture et de jouissance, dont, par sa nature, et suivant l'usage des lieux, l'héritage est susceptible.

165. Une possession qui ne s'est manifestée qu'à des intervalles éloignés inspire aussi peu de confiance qu'une possession clandestine : celle-ci du moins suppose une série d'actes qui, bien que furtifs de la part de leur auteur, laissent cependant des traces toujours faciles à reconnaître ; celle-là suppose plus d'effronterie, mais pas autant de persévérance.

§ IV.

Possession non interrompue.

166. La possession peut être discontinuée, soit par le fait du possesseur lui-même, soit par le fait d'un tiers (1).

______

(1) *Voy.* M. Poncet, *Traité des Actions*, n° 74, 4°.

167. Discontinuée par le fait du possesseur, elle se nomme plus spécialement possession non continue; par le fait d'un tiers, elle conserve la dénomination générique de possession interrompue.

168. J'ai parlé, dans le paragraphe précédent, de la nécessité d'une possession continue, pour fonder l'action possessoire. Je vais, dans le présent paragraphe, m'occuper de l'interruption de possession, qui s'oppose à l'exercice de cette même action.

169. L'*interruption de possession* provient, comme on vient de le voir (1), du fait d'un tiers : ce fait est un trouble ou une spoliation.

170. Le *trouble* est un événement capable d'inspirer au possesseur la juste crainte de perdre sa possession (2).

171. Le trouble est naturel ou civil.

172. Le trouble *naturel* est celui qui résulte d'un déplacement de bornes, d'une usurpation de terre, de clôture, ou de tout autre fait matériel de nature à changer l'état des lieux, et à fonder une possession nouvelle.

---

(1) Voy. *suprà*, n°s 166, 167.

(2) *Voy*. M. Poncet, *Traité des Actions*, n° 87.

173. Ce trouble prend aussi le nom de *trouble de fait*.

174. « Il y a trouble de fait, dit Bourgeon (1), « lorsqu'un usurpateur se met en possession « d'un héritage ou des fruits d'icelui. »

175. Le trouble *civil*, d'après M. Poncet (2), est celui qui a lieu « si, par quelque acte judi- « ciaire ou même extrajudiciaire, on a, soit « directement, soit indirectement, prétendu « avoir tel droit de propriété ou de possession « sur l'héritage d'autrui, ou si on a fait procéder « à une saisie ou autre exécution sur le fonds « qu'il possède, ou sur les fruits de ce fonds, etc. »

176. Ce trouble prend aussi le nom de *trouble de droit*.

177. M. Henrion de Pansey ne pourrait pas attribuer, à cette espèce de trouble, une latitude aussi grande : il n'en cite même qu'un seul exem-ple (3); et, comme il s'appuie de l'autorité de Bourgeon, nous ne pouvons mieux faire que de recourir à celui-ci pour fixer nos idées.

---

(1) Voy. *Droit commun de la France*, t. II, tit. 4, chap. 1er, sect. 1re, n° 2.

(2) Voy. *Traité des Actions*, n° 87.

(3) Voy. *Compétence des Juges de paix*, p. 375.

« Il y a trouble de droit, dit Bourgeon (1),
« lorsqu'un tiers saisit entre les mains du fer-
« mier ou locataire, se prétendant propriétaire
« de la chose (2); c'est trouble moins marqué
« que le précédent (3), c'est trouble *de droit*,
« mais qui ne donne pas moins que le premier
« ouverture à la complainte; c'est toujours un
« spolié qui est à réintégrer. »

178. De ces dernières expressions ne résulte-
t-il pas que, pour caractériser un trouble de
droit ou trouble civil, loin qu'il suffise, comme
le suppose M. Poncet (4), d'un acte qui, de sa
nature, soit propre à inspirer la crainte d'être
par la suite dépossédé; il faut un acte qui, de
de sa nature, soit une entrave à la possession?

Ce qu'ajoute Bourgeon ne laisse aucun doute
que telle ne soit effectivement sa pensée.

« De là (5) il s'ensuit que, si le possesseur d'un

---

(1) Voy. *Droit commun de la France*, t. II, tit. 4,
chap. 1er, sect. 1re, no 3.

(2) L'espèce s'est présentée à la Cour de Cassation, le
12 octobre 1814.(*Voy.* recueil Sirey, t. XV, 1re part., p. 124
et suiv.)

(3) Bourgeon vient de parler du trouble *de fait*.
(4) Voy. *suprà*, no 175.
(5) *Droit commun de la France*, t. II, tit. 4, chap. 1re,
sect. 1re, no 4.

« héritage est assigné pour justifier des titres en
« vertu desquels il possède, il ne peut prendre
« une telle demande pour trouble, et intenter
« sur icelle une demande en complainte ; ce
« n'est pas trouble, mais action, et à laquelle il
« doit défendre comme telle. Il est étrange que
« le contraire ait pu tomber dans l'esprit de
« quelques-uns, et qu'ils n'aient pas senti que ce
« contre-sens qu'ils donnaient à la loi n'avait
« point d'objet, et n'opérait autre chose que de
« multiplier les procédures.

« En effet (1), la demande qu'on vient d'expo-
« ser est une demande purement pétitoire, qui
« n'emporte aucun trouble de fait ni de droit,
« *n'empéchant pas que le propriétaire ou pos-*
« *sesseur, ainsi assigné, ne fasse toujours les*
« *fruits siens ; ce qui écarte toute idée de trouble,*
« *et par conséquent toute demande en com-*
« *plainte.....* »

179. La *spoliation* est un fait de violence ou
de fraude qui prive un individu de sa possession (2).

---

(1) Voy. *Droit commun de la France*, t. II, tit. 4,
chap. 1ᵉʳ, sect. 1ᵉʳ, n° 5.

(2) *Voy.* M. Poncet, *Traité des Actions*, n° 88.

180. Ainsi, quelqu'un s'est emparé d'une maison en en chassant le propriétaire ou légitime possesseur; un autre est parvenu à se faire délivrer la jouissance d'un fonds de terre, en se prévalant d'un faux titre; le premier a commis une violence; le second, une fraude; chacun d'eux, une spoliation.

181. Ce qu'il est, au reste, fort important de remarquer; c'est que, ni le trouble, ni la spoliation, ne constituent ce qu'on appelle interruption de possession, c'est-à-dire obstacle à l'exercice de l'action possessoire, que dans l'une ou l'autre de ces deux circonstances; l'une, que le trouble et la spoliation soient intervenus avant l'année complète de jouissance; l'autre, que le trouble ou la spoliation remontent eux-mêmes à plus d'une année : car, bien qu'en thèse générale le trouble ou la spoliation fassent obstacle à l'exercice de l'action possessoire, cette action, au contraire, jamais n'a d'autre origine (1).

§ V.

Possession à titre non-précaire.

182. De même que la possession à titre pré-

---

(1) Voy. *infrà*, n° 317 à 324.

caire est celle qu'on exerce au nom et avec l'autorisation d'autrui ; de même la possession à titre non-précaire est celle qu'on exerce en son propre nom, et en qualité de propriétaire.

183. Ainsi, le dépositaire, ne devant retirer pour lui-même aucun avantage de la chose qui lui est confiée (1), le locataire et le fermier, ne jouissant pour eux-mêmes qu'à la charge d'une rétribution annuelle et calculée sur l'utilité de leur jouissance (2), sont autant de détenteurs précaires, de détenteurs qui, par conséquent, ne peuvent exercer l'action possessoire.

184. L'usufruitier, au contraire, bien que détenteur, à titre purement précaire, de la propriété(3) dont il n'est que le gardien, et qu'il doit rendre intacte à l'expiration de son droit, est véritablement possesseur, à titre non-précaire, de l'usufruit, qui, à proprement dire, est sa propriété, et dont il ne jouit que pour lui-même : il a donc, sous ce point de vue, l'exercice de l'action possessoire (4).

---

(1) Voy. *Cod. civ.*, art. 1915, 1930.

(2) Voy. *Cod. civ.*, art. 1709.

(3) Voy. *ibid.* art. 2236.

(4) *Voy.* M. Henrion de Pansey, *Compétence des Juges*

185. Cette doctrine, qui refuse au fermier ou locataire l'action possessoire (1), et l'accorde, au contraire, à l'usufruitier (2); ne paraîtra-t-elle pas en opposition avec les articles 1725 et 614 du Code civil, dont l'un semble admettre le fermier ou locataire à exercer cette même action, et l'autre l'interdire à l'usufruitier?

Entendre ainsi ces deux articles, serait une erreur que leur examen va dissiper.

186. L'article 1725 porte : « Le bailleur n'est « pas tenu de garantir le preneur du trouble que « des tiers apportent par voie de fait à sa jouis- « sance, sans prétendre d'ailleurs aucun droit « sur la chose louée; sauf au preneur à les pour- suivre en son nom personnel. »

187. Il me sera facile de démontrer que cet article n'accorde au preneur, c'est-à-dire ici au fermier ou locataire, aucun droit à l'action pos- sessoire.

---

de paix (p. 394, des 4ᵉ et 5ᵉ édition, 402 de la 6ᵉ); M. Poncet, *Traité des Actions*, n° 78, et *infrà*, n° 516.

(1) Voy. *suprà*, n° 183, et Arrêt de cassation du 8 juillet 1819, rapporté par M. Sirey, tome XX, 1ʳᵉ part., p. 165.

(2) Voy. *suprà*, n° 184.

188. Et d'abord, permettre au preneur de poursuivre, en son nom personnel, le trouble apporté *par voie de fait* à sa jouissance; n'est-ce pas déjà lui refuser implicitement l'action possessoire qui aurait pour source un trouble *de droit?*

189. Il y a plus : ne lui permettre de poursuivre, en son nom personnel, le trouble apporté à sa jouissance, que dans le cas où l'auteur de ce trouble ne prétendrait d'ailleurs *aucun droit sur la chose;* n'est-ce pas réellement lui refuser toute participation à l'action possessoire; une action de cette nature supposant toujours une prétention réciproque à la saisine, et la saisine étant *un droit sur la chose?*

190. L'action conférée au fermier ou locataire par l'article dont je m'occupe, ne peut donc, en aucun cas, être une action possessoire proprement dite (1): mais elle est seulement une action possessoire improprement dite, c'est-à-dire, en d'autres termes, qu'elle appartient à la classe des actions possessoires, dispensées des carac-

____

(1) *Voy.* Arrêt de cassation du 7 septembre 1808, rapporté par M. Sirey, tome VIII, 1ere partie, p. 155.

tères de la saisine, et dont j'ai parlé précédemment (1).

191. On vient de reconnaître que l'art. 1725
n'accorde point au fermier ou locataire l'action
possessoire proprement dite; on va voir que l'article 614 ne la refuse pas à l'usufruitier.

192. Voici le texte de cet article : « Si, pen-
« dant la durée de l'usufruit, un tiers commet
« quelque usurpation sur le fonds, ou attente
« autrement aux droits du propriétaire, l'usu-
« fruitier est tenu de le dénoncer à celui-ci : faute
« de ce, il est responsable de tout le dommage
« qui peut en résulter pour le propriétaire,
« comme il le serait de dégradations commises
« par lui-même. »

193. De ce que l'article 614 n'impose pas à
l'usufruitier l'obligation d'intenter lui-même
l'action possessoire, s'ensuit-il qu'il lui refuse
le droit de l'intenter ? Adopter l'affirmative, ce
serait soutenir qu'il n'y a droit d'agir que là
où il y a obligation d'agir; et dès lors, par un
grossier abus de raisonnement, confondre les
choses les plus disparates.

194. Il est donc clair, pour me résumer, que,

____

(1) Voy. *suprà*, n° 152.

ni l'article 1725 n'accorde au fermier l'action possessoire ; ni l'article 614 ne la refuse à l'usufruitier.

195. Je viens d'établir un parallèle entre le fermier ou locataire et l'usufruitier : je vais en établir un autre entre l'usufruitier et le nu-propriétaire.

196. Si l'usufruitier, comme on l'a vu (1), est investi de l'action possessoire ; le nu-propriétaire y a des droits non moins incontestables (2).

197. Ne serait-il pas bizarre, en effet, que l'usufruitier fût tenu, sous sa responsabilité personnelle (3), de donner au nu-propriétaire avis du trouble ; et que ce dernier n'eût pas caractère pour en solliciter la réparation ?

198. Une autre considération, non moins décisive en faveur du nu-propriétaire, c'est que celui-ci, ne possédant que par l'usufruitier, est grandement intéressé à ce que la possession de cet usufruitier n'encoure pas une interruption faute de poursuite à délai utile. Or l'intérêt,

____

(1) Voy. *suprà*, n°ˢ 184, 185, 191 à 194.

(2) *Voy.* M. Henrion de Pansey, *Compétence des Juges de paix*, p. 393 des 4ᵉ et 5ᵉ édit., 401 de la 6ᵉ.

(3) Voy. *Cod. civ.*, art. 614, cité aux n°ˢ 191 et 192, *suprà.*

comme on sait (1), est la mesure des actions en justice.

199. L'action possessoire, pour trouble apporté à la jouissance d'un usufruitier, n'appartient donc pas seulement à cet usufruitier ; elle appartient encore au nu-propriétaire lui-même.

200. Et de là plusieurs questions importantes.

201. Première question. — L'action possessoire intentée par le nu-propriétaire doit-elle profiter à l'usufruitier ?

L'affirmative n'est pas douteuse ; la fin immédiate et nécessaire d'une pareille action étant le retour à l'ordre qui a été troublé, et par conséquent la réhabilitation de l'usufruitier dans la possession paisible qu'il avait avant le trouble.

202. Seconde question. — Réciproquement, l'action possessoire intentée par l'usufruitier doit-elle profiter au nu-propriétaire ?

Pour la négative, on dit que l'usufruit et la propriété sont deux choses absolument distinctes, et, comme telles, essentiellement divisibles ; qu'en conséquence, rien ne répugne à ce que le propriétaire, qui aurait pu, par un

---

(1) *Voy.* M. Poncet, *Traité des Actions*, n° 143, 144.

acte formel, aliéner son droit, puisse aussi le perdre, par suite de sa négligence, alors même que l'usufruitier aurait conservé le sien (1).

Ce raisonnement n'est que subtil, ainsi qu'on va s'en convaincre.

Que le nu propriétaire, en effet, puisse aliéner son droit; que même il puisse le perdre par sa négligence; ce n'est pas de cela qu'il s'agit ici. Mais le vrai point de la difficulté, c'est de savoir si, par suite de l'indue entremise d'un tiers, contre lequel le nu-propriétaire aurait négligé de se pourvoir dans l'année, celui-ci aurait encouru la déchéance de son droit au possessoire, alors même que l'usufruitier aurait fait les diligences nécessaires pour conserver le sien.

Or, c'est là ce qu'on n'admettra jamais, pour peu qu'on se rende attentif aux conséquences qui découlent naturellement des principes développés plus haut (2); principes, d'après lesquels l'usufruitier ne possède pas seulement

____

(1) *Voy.* dans le recueil de M. Sirey, tom. 15, 1ʳᵉ part. p. 143, les motifs d'un pourvoi en cassation rejeté par arrêt du 7 octobre 1813.

(2) Voy. *suprà*, n° 184.

pour lui, mais encore pour le nu-propriétaire ; c'est là, dis-je, ce qu'on n'admettra jamais : car, s'il est vrai que l'usufruitier possède pour le nu-propriétaire, il doit dès lors être considéré comme son mandataire pour tous les actes de possession qu'il exerce.

Mais, maintenant, qui pourrait hésiter à ranger dans la classe des actes de possession les poursuites dirigées contre un perturbateur, en d'autres termes, l'action possessoire, qui même est le plus positif et le plus important de tous les actes de cette espèce ? personne, sans doute.

Il est donc faux que le nu-propriétaire demeure jamais étranger à l'action possessoire intentée par l'usufruitier, puisqu'il y figure nécessairement dans la personne de son mandataire ; faux par conséquent qu'il ne doive en retirer aucun fruit. Il est donc vrai, au contraire, qu'il doit en profiter,

203. Troisième question. — L'usufruitier et le nu-propriétaire peuvent-ils se pourvoir l'un et l'autre au possessoire, soit par une seule et et même action, soit par deux actions, ou successives, ou simultanées ?

Pour la solution de cette double question, il faut se rappeler ce que précédemment on a vu (1), qu'intentée, soit par le nu-propriétaire, soit par l'usufruitier, l'action possessoire essentiellement a le même but et les mêmes effets; or, comme rien de frustratoire ne se fait en justice, on doit en conclure : 1° que si, l'usufruitier ayant ouvert l'action, le nu-propriétaire voulait l'exercer lui-même; ou si, réciproquement, le nu-propriétaire s'étant déjà pourvu, l'usufruitier voulait se pouvoir à son tour; le nu-propriétaire, dans le premier cas, et l'usufruitier, dans le second, y seraient également non recevables (2). 2° Que, si tous deux, par hasard, s'étaient pourvus en même temps, il y aurait lieu de joindre les deux instances.

204. M. Poncet voudrait qu'en ce dernier cas, l'usufruitier fût seul autorisé à suivre l'instance (3); non pas, il est vrai, comme y ayant seul intérêt; mais comme y ayant seul un intérêt né et actuel.

Quelque plausible que soit cette opinion, je n'ai pas cru devoir l'adopter; parce qu'il m'a paru trop rigoureux d'exclure d'une poursuite

---

(1) Voy. *suprà*, n° 201, 202.

(2) *Voy.* M. Poncet, *Traité des Actions*, n° 80 1° et 2°.

(3) Voy. *ibid.*, 3°.

celui auquel on ne conteste pas le droit d'y intervenir (1).

205. Quatrième question. — L'usufruitier est-il responsable, envers le nu-propriétaire, ou le nu-propriétaire, envers l'usufruitier, du défaut d'exercice de l'action possessoire?

Aucun des deux n'en est responsable envers l'autre.

Et en effet, une telle responsabilité ne pèse assurément pas sur l'usufruitier, auquel la loi n'impose, envers le nu-propriétaire, d'autre obligation que celle de lui dénoncer le trouble (2).

Bien moins encore cette responsabilité pèse-t-elle sur le nu-propriétaire, auquel la loi n'impose, envers l'usufruitier, aucune espèce d'obligation.

Quelle raison, d'ailleurs, y aurait-il, de rendre l'un ou l'autre exclusivement passible d'une négligence qui leur est, à tous deux, également applicable, et dont ils doivent naturellement, chacun en ce qui les concerne, subir les effets?

206. Je ne quitterai point ce qui a rapport à

---

(1) *Voy.* M. Poncet, *Traité des Actions*, n° 80 3°.

(2) Voy. *Cod. civ.*, art. 614 précité au n° 163, *suprà*.

l'usufruitier, sans observer que, de toutes les solutions que j'ai données, et de toutes celles que l'on peut donner encore à son égard, relativement à l'action possessoire, il n'en est aucune qui ne soit exactement applicable au simple usager. Car les droits de l'usager sur la chose, quoique moins étendus que ceux de l'usufruitier, n'en sont pas pour cela moins *réels* (1).

SECTION III.

Objet de la possession requise pour autoriser l'action possessoire.

207. Le dernier des caractères de la saisine, celui qui, comme on l'a vu (2), a trait à l'objet de la possession, consiste en ce que cette possession doit être d'une chose prescriptible.

208. Une chose imprescriptible, en effet, est celle à l'égard de laquelle la possession, même

____

(1) Aussi MM. Pardessus et Poncet placent-ils à cet égard, sur la même ligne, l'usufruitier et l'usager. (Voy. *infrà*, n° 516.

(2) Voy. *suprà*, n° 139, 140, 143.

la plus longue possible, est comptée pour rien, et par conséquent ne peut fonder aucun droit.

209. Afin donc de connaître quelles choses peuvent, ou non, autoriser l'action possessoire, il faut nécessairement connaître quelles choses sont, ou non, prescriptibles.

210. Or, pour cet examen, voici l'ordre que je suivrai.

211. J'exposerai, dans un premier paragraphe, les diverses acceptions, plus étendues ou plus restreintes, qui conviennent au mot *chose* : et, parmi ces acceptions, j'indiquerai celle qui lui convient, relativement à l'action possessoire, objet du présent chapitre.

212. Je présenterai, dans un second, la classification des choses prises dans l'acception spéciale dont je viens de parler.

213. Je dirai, dans un troisième, ce qu'on doit entendre par *chose prescriptible*, soit en général et par rapport à la prescription, soit en particulier et par rapport à l'action possessoire.

214. J'appliquerai, dans un quatrième et dernier paragraphe, les principes posés dans le troisième, aux diverses espèces énumérées dans le second.

215. De même donc que le premier para-

graphe sera consacré à la définition des choses, considérées simplement comme choses ; ainsi le troisième sera consacré à la définition des choses, considérées accessoirement comme prescriptibles : et de même que le second aura pour objet la classification des choses qui, de leur nature, sont susceptibles de possession ; ainsi le quatrième aura pour objet l'investigation des choses qui, de leur nature, sont susceptibles de prescription, et, par suite, d'action possessoire.

§ Ier

Définition des choses.

216, Par le mot *chose*, on entend :

217. Dans le sens le plus étendu ; tout ce qui existe, de quelque manière que ce soit, réelle ou intellectuelle.

218. Dans un sens plus restreint ; tout ce qui peut procurer à l'homme quelque utilité.

219. Dans un sens plus restreint encore, et le seul qui convienne au mot *chose* relativement à l'action possessoire ; les objets les plus rapprochés de l'homme, et sur lesquels il exerce ou peut exercer une possession exclusive.

220. Cette dernière acception ne comprend donc, ni les choses *sacrées* (1), c'est-à-dire vouées par les hommes au culte de la Divinité, ni les choses *publiques* (2), c'est-à-dire destinées par la loi naturelle ou positive à l'usage de tous (3).

§ II.

Classification des choses.

221. Toute classification étant, par elle-même, plus ou moins arbitraire; l'on ne doit pas s'étonner de voir, en particulier, la classification des choses, telle que nous l'offre le droit romain, différer, à certains égards, de celle que nous présente le Code civil. Je mettrai l'une

---

(1) *Sacræ res sunt, quæ rite, per pontifices, Deo consecratæ sunt, veluti ædes sacræ, et donaria, quæ rite ad ministerium Dei dedicatæ sunt,* § 18, Inst. *de rerum divisione et adquirendo rerum dominio.*

(2) Que notre Code civil qualifie de choses *du domaine public.* (*Voy.* art. 538 et 540.)

(3) *Et quidem naturali jure communia sunt omnium hæc : ... aqua profluens, et mare, et per hoc littora maris, nemo igitur ad littus maris accedere prohibetur : dùm tamen à villis, et monumentis, et ædificiis abstineat ; quia non sunt juris gentium, sicut et mare,* § 1er, Inst. *de rerum divisione, et adquirendo rerum dominio.*

et l'autre à contribution; et je les fondrai en un seul tout, au moyen de quelques divisions nouvelles qui leur serviront comme de liens.

222. Prises dans le dernier sens que j'ai signalé au paragraphe qui précède (1), les choses sont, ou corporelles, ou incorporelles.

223. Sont dites *corporelles*, les choses qui peuvent être perçues par les sens (2); *incorporelles*, celles qui ne peuvent être saisies que par la pensée (3).

224. Les choses corporelles se divisent en meubles et en immeubles (4).

225. Les *meubles* sont les objets susceptibles d'être transportés d'un lieu à un autre; soit par eux-mêmes : et tels sont les animaux; soit par l'effet d'une force étrangère : et telles sont les choses inanimées (5).

---

(1) Voy. *suprà*, n° 219 et 220.

(2) Voy. *infrà*, n° 517.

(3) *Incorporales autem sunt, quæ tangi non possunt...*, § 2, Inst. *de rebus corporalibus et incorporalibus.*

(4) *Res corporales iterùm subdividuntur in mobiles et immobiles.* Hein., *in Inst. Recit.*, Lib. 2, tit. II, n°ᵃ 385 à 387. (Voy. *Cod. civ.*, art. 516.)

(5) ...*Mobiles dicuntur, vel quæ se ipsæ virtute internâ*

226. Les *immeubles*, au contraire, sont les objets non susceptibles d'être transportés d'un lieu à un autre ; soit qu'il y ait impossibilité physique de les déplacer : et tels sont les *immeubles proprement dits* ; soit que leur déplacement les fasse aussitôt changer de nature : et tels sont les *immeubles improprement* dits (1).

227. Les immeubles proprement dits se distinguent en naturels et factices.

228. *Naturels ;* c'est-à-dire, à la formation desquels l'homme n'a point participé : et tels sont les fonds de terre (2) et les eaux courantes ou stagnantes qui les arrosent (3).

229. *Factices*, c'est-à-dire, à la confection desquels l'industrie humaine a coopéré : et

---

movent, exempli gratiâ... animalia ; quæ et se moventes appellantur : vel quæ salvæ de loco in locum tranferri possunt , e. g. vehicula , suppellex , libri , Hein. , *ibid.* (Voy. *Cod. civ.*, art. 528.)

(1) *...Immobiles vocantur , vel quæ physicè salvæ moveri nequeunt, e. g. agri , fundi , prædia, ædes ; vel quæ immobilium partem constituunt.* Hein., *ibid.*

(2) Voy. *Cod. civ.*, art. 518.

(3) N'entendant point, au surplus, y comprendre les fleuves et rivières navigables, qui sont des dépendances du domaine public. (Voy. *suprà* , n°. 220.)

telles sont les constructions et plantations de toute espèce (1).

230. Les immeubles improprement dits sont tels, ou pour un temps limité, ou pour un temps illimité.

231. *Pour un temps limité*; et tels sont les fruits naturels ou industriels (2), qui, au temps marqué par la nature, doivent être recueillis, et deviennent meubles au fur et à mesure qu'on les détache du sol (3).

232. *Pour un temps illimité*; et tels sont les immeubles par accident et les immeubles par destruction.

233. Sous le terme d'*immeubles par accident*, j'entends désigner les effets mobiliers placés dans un dépôt public, ou sous la garde d'un séquestre (4).

---

(1) Voy. *Cod. civ.*, art. 518, 519.
Je n'entends point parler ici des grandes routes et des fortifications, qui font partie du domaine public. (Voy. *suprà*, n° 220.)

(2) Les fruits prennent le nom de *naturels*, quand ils sont le produit spontané du sol; et celui d'*industriels*, lorsque la nature, pour les produire, a besoin des secours de l'homme. (Voy. *Cod. civ.*, art. 583.)

(3) Voy. *Cod. civ.*, art. 583.

(4) *Voy.* M. Poncet, *Traité des Actions*, n° 50 2°.

234. Sous le terme d'*immeubles par destination*, j'entends désigner les choses qui, bien que, de leur nature, elles soient meubles, sont néanmoins réputées immeubles (1); et cela, soit pour avoir été affectées, par le propritaire, au service ou à l'exploitation de son fonds (2), soit pour y avoir été réellement ou fictivement incorporées.

235. *Réellement*; et tels sont les objets quelconques infixés dans un fonds pour un but d'utilité ou d'agrément (3).

236. *Fictivement*; et tel est le cheptel donné au fermier ou colon partiaire (4).

237. Les choses *incorporelles*, étant de pures abstractions (5), ne peuvent, par leur nature, être classées, ni parmi les meubles, ni parmi les immeubles. Toutefois, et par une fiction de la loi, elles se divisent aussi, en *meubles*

---

(1) ... e. g. *quæ ædium partes sunt inseparabiles , fenestræ, et quæ vocantur fixa vincta et opponuntur rutis, cæsis, quæ in perpetuum usum rei immobilis sunt destinata.* Hein., *ibid.*

(2) Voy. *Cod. civ.*, art. 524.

(3) Voy. *ibid.*, art. 525.

(4) Voy. *ibid.*, art. 522.

(5) Voy. *infrà*, n° 517.

et en *immeubles*, selon que les choses corpo-relles auxquelles elles se rapportent sont res-pectivement l'un ou l'autre.

238. Ainsi, en premier lieu, sont meubles : 1° les successions mobilières; 2° l'usufruit des meubles; 3° les obligations et actions qui au-raient pour objet, ou des sommes exigibles, ou des effets mobiliers (1).

239. Ainsi, en second lieu, sont immeubles : 1° les successions immobilières; 2° l'usufruit des immeubles; 3° les servitudes ou services fonciers (2); 4° les obligations et actions qui auraient un immeuble pour objet (3).

240. Sous un autre point de vue, les choses incorporelles peuvent encore se diviser en *pleines* et *nues* (4), suivant que, par elles-mêmes, elles sont ou non compatibles avec la possession des choses corporelles auxquelles elles se rapportent.

____

(1) Voy. *Cod. civ.*, art. 529.

(2) Voy. *ibid*, art. 526.

(3) Argument *à contrario* de l'art. 529 précité.

(4) Qu'on nous passe ces deux locutions imitées des lois romaines, qui qualifiaient de *vestita* ou de *nuda* les pactes, suivant qu'ils étaient ou non susceptibles de produire une action.

241. Ainsi d'abord, sous la dénomination de choses incorporelles vêtues, je comprendrai : 1° les successions mobilières ou immobilières ; 2° l'usufruit des meubles ou des immeubles ; 3° Les servitudes ou services fonciers : attendu que toutes ces choses, si elles ne supposent pas nécessairement, à celui qui en est revêtu, la possession actuelle et effective des choses corporelles qui en font l'objet, n'y ont toutefois rien de contraire.

242. Ainsi encore, sous la dénomination de choses incorporelles nues, je comprendrai les obligations et les actions qui auraient pour objet, soit des sommes d'argent ou d'autres effets mobiliers, soit des immeubles : attendu que, loin de s'allier avec la possession actuelle et effective des choses corporelles qui en font l'objet, elles ne consistent au contraire que dans le droit d'en demander la délivrance, ou dans les moyens légaux de l'obtenir ; en sorte qu'elles s'éteignent, faute d'objet, sitôt que la possession commence.

243. Je dois, conformément à mon plan, terminer, par une classification particulière des servitudes, la classification générale des choses ; attendu que les servitudes sont, entre

les choses incorporelles, les seules que, relativement à l'action possessoire, il ne suffise pas
de caractériser quant au genre, mais qu'il faille
encore préciser quant à l'espèce.

244. Une *servitude* est une charge imposée
sur l'héritage d'un particulier pour l'utilité de
l'héritage d'un autre (1).

245. Toute servitude pouvant être envisagée
sous trois points de vue ; savoir : d'après son
origine, d'après ses accidens, et d'après son
objet ; il est nécessaire d'examiner séparément
ces trois points de vue, bien que chacun d'eux,
comme on le verra (2), embrasse également les
servitudes dans leur totalité.

246. *D'après son origine*, toute servitude est
ou *légale* ou *consensuelle*, selon qu'elle dérive
du texte de la loi ou du consentement respectif
des parties.

247. La servitude légale peut, elle-même,
se diviser en naturelle et en arbitraire (3).

248. *Naturelle*, lorsque le législateur l'a puisée

---

(1) Voy. *Cod. civ.*, art. 637.

(2) Voy. *infrà*, n°s 246, 263, 272.

(3) Voy. *infrà*, n° 518.

(99)

dans la nature ; tels sont l'écoulement (1), la transmission (2), ou l'usage des eaux (3) ; le droit de contraindre au bornage (4); la faculté de se clore (5).

249. *Arbitraire*, lorsqu'il l'a créée dans des vues d'utilité, qui n'ont pas leur fondement immédiat dans la nature.

250. Et, parce que l'utilité est générale ou particulière (6), on en voit sortir la division de la servitude légale arbitraire, en *publique* et en *privée*.

251. La servitude légale arbitraire, lorsqu'elle est publique, rentre dans la catégorie des choses qui font partie du domaine public (7) et dont j'ai dit que je ne devrais point m'occuper (8).

252. La servitude légale arbitraire, lorsqu'elle

---

(1) Voy. *Cod. civ.*, art. 640.

(2) Voy. *ibid.*, art. 641, 642, 643.

(3) Voy. *ibid.*, art. 644, 645.

(4) Voy. *ibid.*, art. 646.

(5) Voy. *ibid.*, art. 647, 648.

(6) Voy. *ibid.*, art. 649.

(7) Voy. *ibid.*, art. 650.

(8) Voy. *suprà*, n° 220.

est privée, comprend les obligations que la loi impose aux propriétaires, à raison de leurs propriétés, et indépendamment de toute convention (1); obligations qui, entre autres objets (2), peuvent être relatives à la mitoyenneté des murs (3), des fossés (4), des haies (5); aux distances à observer pour la plantation des arbres (6); aux conditions requises pour certaines constructions (7); aux vues sur la propriété du voisin (8); à l'égout des toits·(9); au passage pour le service d'un fonds enclavé (10).

253. La servitude consensuelle peut se diviser, à son tour, en *expresse* et en *tacite*; suivant qu'elle résulte d'un consentement exprimé ou sous-entendu.

254. *Exprimé* ; ou simultanément , par

---

(1) Voy. *Cod. civ.*, art. 651.
(2) Voy. *ibid.*, art. 652.
(3) Voy. *ibid.*, art. 652 à 665.
(4) Voy. *ibid.*, art. 652, 666 à 669.
(5) Voy. *ibid.*, 652, 670, 673.
(6) Voy. *ibid.*, 671 à 673.
(7) Voy. *ibid.*, art. 652 à 674.
(8) Voy. *ibid.*, art. 652, 675 à 680.
(9) Voy. *ibid.*, art. 652 à 681.
(10) Voy. *ibid.*, art. 652, 682 à 685.

convention des parties (1); ou successivement, par dispositions entre-vifs ou testamentaires, émanées de l'une d'elles, et suivies de l'acceptation de l'autre (2).

255. *Sous entendu*; par suite, soit du quasi-contrat judiciaire, soit de la prescription (3), soit de la destination du père de famille (4).

256. A la différence de la servitude légale, qui, ayant sa source unique dans la loi, ne peut s'étendre à des espèces non prévues par elle; la servitude consensuelle, ayant sa source unique dans la volonté de l'homme, peut recevoir les modifications les plus variées.

257. Toutefois, la servitude consensuelle n'est abandonnée au libre arbitre des parties que sous les deux restrictions suivantes:

258. Il faut 1° que cette servitude ne soit imposée, ni à la personne, ni en faveur de la personne (5); puisque la servitude, d'après la définition qu'on en a donnée (6), ne peut être imposée que sur la chose, et en faveur de la chose.

---

(1) Voy. *Cod. civ.*, art. 686.
(2) Voy. *ibid.*, art. 894, 895 et 775.
(3) Voy. *ibid.*, art. 690, 691.
(4) Voy. *ibid.*, art. 692 à 694.
(5) Voy. *ibid.*, art. 686, 1ᵉʳ alinéa.
(6) Voy. *suprà*, n° 244.

259. Il faut 2° que cette servitude ne soit pas contraire à l'ordre public (1); puisque l'ordre public, étant la base indispensable de tout engagement, toute clause qui y serait contraire ne saurait subsister (2).

260. Cette première division de la servitude, en *légale* et *consensuelle*, se concilie parfaitement avec celle que nous offre le Code civil, en *naturelle, légale* et *conventionnelle*. En voici la preuve.

261. Les servitudes que je nomme *légales* comprennent : soit les servitudes proclamées à la fois par la loi naturelle et par la loi positive; ce qui répond aux *naturelles* du Code : soit les servitudes proclamées par la loi positive seulement; ce qui répond aux *légales* du Code.

262. Et si j'ai employé la dénomination de *consensuelles* pour désigner les servitudes que le Code nomme *conventionnelles*, je ne l'ai fait qu'en vue de rendre plus exactement la pensée du législateur; celui-ci, par l'expression de *conventionnelles*, n'ayant pas entendu désigner seulement les servitudes qui dérivent des *conventions*, mais ayant évidemment voulu désigner

---

(1) Voy. *Cod. civ.*, art. 686, 1ᵉʳ alinéa.

(2) Voy. *Cod. civ.*, art. 6, 1131, 1133.

toutes les servitudes qui dérivent d'un *consentement* quelconque, réel ou supposé (1).

263. *D'après ses accidens*, toute servitude est à la fois continue ou discontinue, et apparente ou non apparente.

264. *Continue;* lorsque l'usage en est ou peut en être continuel : or, il l'est ou peut l'être, toutes les fois que, pour être exercée, la servitude n'a pas besoin du fait actuel de l'homme : et telles sont les conduites d'eau, les égouts, les vues, et autres de cette espèce (2).

265. *Discontinue;* lorsque l'usage n'en est ni ne peut en être continuel : or il ne l'est, ni ne peut l'être, toutes les fois que, pour être exercée, la servitude a besoin du fait actuel de l'homme : et tels sont les droits de passage, puisage, pacage, etc. (3).

266. *Apparente;* lorsqu'elle s'annonce par quelque signe extérieur : et telles sont les servitudes, ou de passage, qui seraient manifestées

---

(1) *Voy.* M. Pardessus, *Traité des Servitudes*, 4ᵉ édit., n° 230.

(2) Voy. *Cod. civ.*, art. 688, 2° alinéa.

(3) Voy. *ibid*, 3° alinéa.

par une porte; ou de vue, qui le seraient par une fenêtre; ou de conduite d'eau, qui le seraient par un aquéduc; et autres semblables (1).

267. *Non apparente;* lorsqu'elle ne s'annonce par aucun signe extérieur : et telle est la servitude résultant de la prohibition de bâtir sur un fonds, ou d'élever une construction au delà d'une hauteur déterminée, etc. (2).

268. Toute servitude étant, comme on l'a vu (3), à la fois, continue ou discontinue, et apparente ou non apparente; il en résulte que toujours elle offre l'une des quatre combinaisons suivantes : *continue et apparente, continue et non apparente, discontinue et apparente, discontinue et non apparente.*

269. Cette seconde division de la servitude en continue ou discontinue, et apparente ou non apparente, bien qu'exclusivement rapportée, par le Code, aux servitudes qu'il nomme *conventionnelles,* et que, dans ma première division, j'ai nommées *consensuelles;* cette seconde

____

(1) Voy. *Cod. civ.*, art. 689, 2ᵉ alinéa.

(2) Voy. *ibid.*, 3ᵉ alinéa.

(3) Voy. *suprà*, n° 263.

division, dis-je, peut encore être rapportée; soit aux servitudes que le Code appelle *naturelles*, et que, dans ma première division, j'ai qualifiées de *légales naturelles;* soit aux servitudes que le Code appelle *légales*, et que, dans cette même division, j'ai qualifiées de *légales arbitraires.*

270. Elle peut l'être, en premier lieu, aux servitudes que j'ai qualifiées de *légales naturelles;* puisque toutes sont, ou continues et apparentes (1), ou continues et non apparentes (2).

271. Elle peut l'être, en second lieu, aux servitudes que j'ai qualifiées de *légales arbitraires;* puisque toutes sont, ou continues et apparentes (3), ou continues et non apparentes (4), ou discontinues et apparentes (5), ou discontinues et non apparentes (6).

---

(1) Voy. *Cod. civ.*, art. 640 à 645 précités.

(2) Voy. *ibid,* art. 646 à 648, aussi précités.

(3) La mitoyenneté des murs, des haies, des fossés, etc.

(4) Distances d'arbres, ouvrages pour certaines constructions, etc.

(5) Passage légal, manifesté par un signe extérieur.

(6) Passage légal, non manifesté par un signe extérieur.

272. *D'après son objet*, enfin, toute servitude est ou *urbaine* ou *rurale*, selon qu'elle est établie pour l'usage d'un bâtiment ou pour celui d'un fonds de terre (1).

273. Cette troisième division de la servitude, en urbaine et rurale, a cela de commun avec la seconde division, en continue ou discontinue, et apparente ou non apparente; que, bien qu'exclusivement rapportée, par le Code, aux servitudes que j'ai nommées *consensuelles*, elle peut l'être encore, soit aux servitudes que j'ai qualifiées de *légales-naturelles*, soit à celles que j'ai qualifiées de *légales-arbitraires*.

274. Elle peut l'être, en premier lieu, aux servitudes que j'ai qualifiées de *légales-naturelles;* dont une seule est urbaine (2), et toutes les autres sont rurales (3).

275. Elle peut l'être, en second lieu, aux servitudes que j'ai qualifiées de *légales-arbi-*

____

(1) Voy. *infrà*, n° 519.

(2) L'eau nécesssaire aux habitans d'une commune ou d'un hameau.

(3) Écoulement et usage des eaux, bornage, clôture.

traires; dont les unes sont urbaines (1), et les autres rurales (2).

§ I I.

Des choses prescriptibles.

276. Sont dites *prescriptibles* les choses susceptibles de prescription.

277. Or la *prescription* d'une chose est un mode de l'acquérir ou de s'en libérer (3).

278. Un mode *de l'acquérir;* au moyen d'une possession continuée, par celui qui prescrit, et ce, pendant le temps que la loi détermine.

279. *De s'en délibérer;* à raison d'une négligence prolongée, de la part de celui contre lequel on prescrit, et ce, pendant le temps également déterminé par la loi.

280. On voit donc que la prescription, considérée comme moyen d'acquérir, suppose la

____

(1) Mitoyenneté entre bâtimens, conditions acquises pour certaines constructions.

(2) Mitoyenneté entre propriétés non bâties, jours, distances des plantations, passage légal.

(3) Voy. *infrà*, n° 520.

possession ; et, considérée comme moyen de se libérer, n'en suppose aucune.

281. Et, parce qu'il est hors de doute que la possession est indispensable pour fonder l'action possessoire, il en résulte évidemment qu'au regard de cette même action, on ne doit qualifier de prescriptibles que les choses susceptibles d'être acquises par la prescription, et non pas celles dont on peut se libérer par un tel moyen.

§ IV.

Quelles choses sont ou non prescriptibles.

282. Il est ici question, non plus de rechercher le principe au moyen duquel on peut, relativement à l'action possessoire, discerner les choses qui sont prescriptibles de celles qui ne le sont pas; principe déjà établi au paragraphe troisième, mais de faire l'application de ce même principe aux diverses espèces de choses énumérées au paragraphe second.

283. Les choses, ainsi qu'on l'a vu (1), se

______

(1) Voy. *suprà*, n° 222, 223, 237.

divisent en corporelles et incorporelles : je vais m'occuper des unes et des autres en deux articles séparés.

ARTICLE PREMIER.

Des choses corporelles.

284. Les choses corporelles, ainsi qu'on l'a vu encore (1), se divisent en meubles et immeubles, d'où les deux numéros qui suivent :

N° 1er.

Des meubles corporels.

285. Le premier alinéa de l'article 2279 du Code civil porte : « En fait de meubles la pos- « session vaut titre. »

Or, par meubles, le législateur entend ici indifféremment toutes leurs espèces; puisqu'il n'en détermine aucune.

Les meubles corporels, par cela seul qu'ils sont meubles, s'acquièrent donc par le seul fait de la possession : et, puisqu'ils s'acquièrent

----

(1) Voy. *suprà*, n° 224.

par le seul fait de la possession, ils ne s'acquièrent donc point par prescription : d'où la
conséquence ultérieure, qu'au regard de l'action possessoire, ils ne peuvent point être mis
au rang des choses prescriptibles.

286. Singulier raisonnement! dira-t-on peut-
être; car enfin la prescription, telle qu'on la
considère ici, n'est-elle pas un mode d'aquérir
par la possession? et dès lors les meubles corporels, s'acquérant par la possession, ne sont-ils
pas véritablement prescriptibles?

Je réponds que la prescription, dans le sens
qui lui convient relativement à l'action possessoire (1), est un mode d'acquérir, non par le
seul fait de la possession, mais par une possession continuée pendant le temps requis par
la loi.

287. On insiste; et l'on dit que ce dernier
caractère n'est point étranger à la possession
des meubles corporels : qu'en effet, le second
alinéa de l'article précité permet, au propriétaire d'une chose perdue ou volée, de la
revendiquer, pendant trois ans, contre celui
dans la main duquel il la trouve; d'où il ré-

---

(1) Voy. *suprà*, n° 277, 280, et *infrà*, 527.

sulte bien évidemment que le détenteur de cette chose n'est à l'abri de toute recherche, qu'après ce délai de trois années; en d'autres termes, qu'il n'en acquiert la propriété, que par une possession continuée pendant le temps requis par la loi.

288. Je pourrais me borner à répondre que le second alinéa de l'article 2279 du Code civil est une exception à la règle tracée par le premier alinéa de ce même article; et que toute exception, bien loin de détruire la règle, la confirme; que loin donc, qu'en thèse générale, les meubles soient prescriptibles par un intervalle de temps quelconque, la possession n'en est pas distincte de la propriété; et, par conséquent ultérieure, que la propriété ne peut en être contestée à celui qui les possède (1).

289. Mais je vais plus loin; et je soutiens que, dans le second alinéa de l'article 2279, on ne peut voir aucune exception au principe sanctionné par le premier; et en effet, la prescription triennale, telle qu'elle est consignée à l'endroit cité, n'affecte point les choses per-

---

(1) Voy. *Répertoire de Jurisprudence* et *Questions de droit,* au mot *Revendication.*

dues ou volées, mais affecte seulement l'action en revendication dont elles peuvent être l'objet; et ce qui le prouve, c'est que cette prescription commence à courir du jour même où le propriétaire a été dessaisi de l'objet, et non pas seulement du jour où le détenteur en a été nanti : en sorte que, si plus de trois années s'étaient écoulées à compter de la perte ou du vol, ce détenteur, n'eût-il possédé qu'un seul jour, n'en serait pas moins recevable à opposer au réclamant, que l'action de celui-ci est prescrite (1).

290. Il n'en était pas ainsi d'après les lois romaines; puisque celles-ci déclaraient prescriptibles les meubles dont il s'agit (2), et cela par trois années, qui commençaient à courir, non pas du jour où le propriétaire avait été dessaisi de

---

(1) Le voleur, toutefois, ne pourrait se prévaloir d'une telle exception, qu'autant que les actions publiques et privées, résultant de son crime ou de son délit, seraient prescrites (Voy. *Cod. Pén.*, art. 1, 379 à 401 et *Cod. d'Inst. crim.*, art. 182, 362, 637, 638).

(2) Sauf les choses volées, qui, en général, étaient frappées d'imprescriptibilité jusqu'à ce qu'elles fussent retournées à leur maître (*Voy.* l. 4, §. 6, ff. *de Usucapionibus* et *Usurpationibus*, et 84. ff. *de Furtis*).

l'objet, mais seulement du jour où le détenteur s'en trouvait nanti : en sorte que cette
prescription ne pouvait être invoquée que par
celui qui, réellement, avait possédé durant tout
cet intervalle (1). Aussi, pour être translative
de propriété, la possession des meubles devant
alors être continuée pendant trois ans, ces
mêmes meubles pouvaient dès lors, durant cet
intervalle, être considérés comme affectés du
mode particulier de prescriptibilité requis pour
produire l'action possessoire, action qu'ils produisaient en effet (2).

291. Et ce qui, à cet égard, se pratiquait
sous notre ancienne jurisprudence, d'après
laquelle, bien que prescriptible, non par trois
années seulement, mais par trente (3), les meu-

---

(1) Voy. *infrà*, n° 521.

(2) .... *Sed interdicto quidem uti possidetis, de fundi vel
ædium possessione contenditur : utrubi verò de rerum
mobilium possessione.* §. 4, Inst. *De Interdictis.*

..... *Utriusque interdicti potestas , exæquata est ; uti
vincat in re soli, et in re mobili, qui possessionem nec
vi, nec clam, nec præcariò ab adversario, litis contestatæ
tempore detinet.* Ibid.

(3) « Mais sans titre tous héritages, rentes, *et autres*

bles cependant n'étaient pas considérés comme affectés de ce mode particulier de prescriptibilité qui produit l'action possessoire (action qu'en effet ils ne produisaient pas (1)), fournirait, au besoin, un argument *à fortiori* en faveur du système que je soutiens.

292. Mais, dira-t-on encore, lorsque, sans assujétir à aucune durée précise la possession, la loi cependant la déclare translative de propriété ; n'est-ce pas avoir possédé pendant le temps requis par la loi, que d'avoir possédé pendant un temps quelconque?

Oui, sans doute, quant à la transmission réelle et effective de la propriété, transmis-

---

« *choses prescriptibles se prescrivent par possession de* « *trente ans....* » *Voy.* Coutumes de Paris, art. 118.

« *De toutes choses prescriptibles, toutes prescriptions* « *sont uniformes et réduites à trente ans.* » *Voy.* Coutume de Bourgogne, tit. 14, art. 1er.

(1) « Aucun n'est recevable de soi complaindre et inten « ter le cas de nouvelleté *pour une chose mobilière parti* « *culière, mobilière. Voy.* » Coutume de Paris, art. 97.

« S'il y a (dit Bannelier, tom. VII, p. 582) deux sortes « d'action réelles : les pétitoires et les possessoires. Par « l'action pétitoire... *Par la possessoire nous demandons* « *d'être conservés dans la possession d'un immeuble ou d'un* « *droit réel....* »

sion tout aussi complète par le seul fait de la possession, lorsque la loi s'en contente, qu'elle le serait par une possession continuée pendant le temps précis qu'aurait déterminé la loi : mais non, quant à la prescriptibilité requise pour produire l'action possessoire ; attendu qu'une pareille action n'ayant pour but que de procurer, à celui qui l'exerce, la maintenue provisoire dans sa possession, manquerait absolument d'objet en fait de meubles corporels, à l'égard desquels le possesseur, pour obtenir sa maintenue définitive, n'a rien à prouver.

293. C'est donc une règle solidement établie que, relativement à l'action possessoire, les meubles corporels ne peuvent être qualifiés de prescriptibilité : ou, qu'en d'autres termes, les meubles corporels n'autorisent jamais l'exercice de l'action possessoire.

N.º 2.

Des immeubles corporels.

294. Les immeubles corporels sont tous susceptibles de s'acquérir par possession continuée pendant le temps requis par la loi (1) :

______

(1) Voy. *suprà*, n.º 277, 281, et *infrà*, 527.

tous, par conséquent, sont prescriptibles dans le sens qui convient à ce mot, considéré par rapport à l'action possessoire : ou, en d'autres termes, les immeubles corporels autorisent toujours l'exercice de l'action possessoire.

ARTICLE II.

Des choses incorporelles.

295. On a vu (1) qu'envisagées sous deux aspects différens, les choses incorporelles se divisent, par rapport aux choses corporelles qui en font l'objet, en meubles et immeubles; et, par rapport à la possession de ces mêmes choses, en vêtues et nues.

J'aurai donc à considérer ici, en autant de numéros séparés :

1° Les meubles incorporels vêtus (2);

2° Les immeubles incorporels vêtues (3);

---

(1) Voy. *suprà*, n° 237, à 242.

(2) Tels sont les successions mobilières et l'usufruit des meubles. Voy. *suprà*, n° 237, 238, 240, 241.

(3) Tels sont les successions immobilières, l'usufruit des immeubles, et les servitudes ou services fonciers. Voy. *suprà*, n° 237, 239 à 241.

(117)

3° Les meubles incorporels nus (1);
4° Les immeubles incorporels nus (2);

N° Ier.

Des meubles incorporels vêtus.

296. J'ai dit que les meubles corporels ne se prêtent point au mode de prescriptibilité requis pour produire l'action possessoire (3). il doit donc en être de même encore des meubles incorporels vêtus ; puisque ceux-ci, supposant la possession de ceux-là, doivent participer à leur nature. Ainsi les meubles incorporels vêtus ne peuvent être qualifiés de prescriptibles : ou, en d'autres termes, les meubles incorporels vêtus n'autorisent jamais l'action possessoire.

297. La règle que je viens d'établir, relativement aux meubles incorporels vêtus, ne

---

(1) Telles sont les obligations et actions qui auraient pour objet des sommes exigibles ou des effets mobiliers. Voy. *suprà*, n° 237, 238, 240, 242.

(2) Telles sont les obligations et actions qui auraient pour objet un immeuble. Voy. *suprà*, n° 237, 239, 240, 242.

(3) Voy. *suprà*, n° 285 à 293.

souffre qu'une exception ; et cette exception s'applique aux successions mobilières auxquelles une jurisprudence constante suppose la prescriptibilité requise pour produire l'action possessoire ; puisqu'elle les déclare toujours susceptibles d'une semblable action (1).

298. Cette exception se fonde, sur ce qu'une succession emprunte, de l'universalité qui lui est propre, un caractère d'immeubles (2), que la loi lui conserve, alors même qu'accidentellement elle ne comprendrait que des effets mobiliers.

299. Cette exception, au reste, est plus de théorie que de pratique ; ou, comme le dit judicieusement Bourgeon (3), « plus de curiosité « que de réalité ; » et cela , soit par la raison qu'en donne cet auteur (4), soit parce que le trouble apporté à la possession d'une chose incorporelle ne peut être que purement civil, et

______

(1) Voy. *suprà* , n° 237 à 242.

(2) *Sapit quid immobile. Voy.* Duplessis. *Traité des Actions*, p. 598.

(3) Voy. *Droit commun de la France*, tom. II, tit. 4, chap. 1er , sect. 3 , n° 26.

(4) Voy. *ibid.*

que le trouble civil ne peut, comme on l'a vu (1), résulter que d'une entrave à la possession, non d'une simple prétention à la propriété.

N° 2.

Des immeubles incorporels vétus.

3oo. De même que le mode de prescriptibilité, requis pour produire l'action possessoire, n'est point applicable aux meubles incorporels vêtus ; et cela, par la raison qu'il ne l'est pas non plus aux meubles corporels (2), dont les premiers supposent la possession (3) : de même aussi ce mode de prescriptibilité est applicable aux immeubles incorporels vêtus ; et cela, par la raison qu'il l'est également aux immeubles incorporels (4), dont les premiers supposent la possession (5). Ainsi les immeubles incorporels vêtus peuvent être qualifiés de prescriptibles : ou, en d'autres termes, les immeubles incorporels vêtus autorisent toujours l'action possessoire.

____

(1) Voy. *suprà*, n° 177, 178.
(2) Voy. *suprà*, n° 285 à 293.
(3) Voy. *suprà*, n° 237 à 242.
(4) Voy. *suprà*, n° 294.
(5) Voy. *suprà*, n° 240.

3o1. La règle que je viens d'établir relativement aux immeubles incorporels vêtus, a
cela de commùn avec la règle dont je l'ai déduite, qu'ainsi que celle - là , elle ne souffre
qu'une exception : et cette exception a lieu en
matière de servitudes consensuelles, lorsqu'elles
ne sont pas tout à la fois continues et apparentes, et qu'il est question de les acquérir,
non de s'en libérer.

3o2. On voit donc, en premier lieu, que
l'exception s'applique aux servitudes consensuelles, lorsqu'elles sont apparentes sans être
continues, ou continues sans être apparentes,
ou qu'enfin elles ne sont ni continues, ni apparentes ; mais pourvu que, dans chacun de
ces trois cas, il ne soit question que de les
acquérir, et cette exception est motivée sur
ce que les servitudes dont il s'agit, ne pouvant
s'acquérir par la prescription (1), ne sauraient
dès lors donner lieu au mode de prescriptibilité, requis pour produire l'action possessoire.

3o3. On voit, en second lieu, que l'exception
ne s'applique : ni aux immeubles incorporels

---

(1) Voy. *Cod. civ.*, art. 69.

vêtus autres que les servitudes; ni aux servitudes que j'ai qualifiées de légales naturelles, ou de légales arbitraires; ni aux servitudes consensuelles, lorsqu'elles sont tout à la fois continues et apparentes; ni enfin aux servitudes consensuelles qui n'offriraient pas ce double caractère, pourvu que, dans ce dernier cas, il ne soit question que de s'en libérer. D'où la conséquence ultérieure, que la règle, en général applicable aux immeubles incorporels vêtus (règle d'après laquelle tous sont susceptibles d'actions possessoires), l'est en particulier : 1° à toutes les servitudes, sans exception, lorsqu'il est question de s'en libérer (1); 2° à celles qu'il est question d'acquérir, sauf la seule exception que j'ai signalée (2).

3o4. Cette conséquence ultérieure peut donner lieu aux deux objections suivantes :

3o5. *Première objection.* — Dire que la règle, en général, applicable aux immeubles incorporels vêtus, l'est, en particulier, à toutes les servitudes dont il est question de se libérer;

______

(1) *Voy.* M. Pardessus. *Traité des Servitudes*, 4ᵉ édit. dernier alinéa.

(2) Voy. *suprà*, n° 3o1.

n'est-ce pas établir le principe, que toute servitude, dont il est question de se libérer, est affectée du mode de prescriptibilité requis pour produire l'action possessoire ; et dès lors se mettre formellement en contradiction avec cet autre principe, précédemment établi (1), que, relativement à l'action possessoire, on ne doit qualifier de prescriptibles que les choses susceptibles de s'acquérir par la prescription, et non celles dont on peut, par ce moyen, se libérer ?

306. La contradiction n'est qu'apparente ; attendu qu'on ne peut être en voie de se libérer d'une servitude, sans l'être aussi d'acquérir la franchise de l'héritage grevé de cette servitude ; franchise, dès lors, devenue partie intégrante de la possession, et qui même, évidemment, fait ici l'unique objet de l'action possessoire.

307. Car c'est en vain que, pour être admis à l'exercice de l'action possessoire, on se prévaudrait de ce qu'au moyen de la prescription commencée, on est en voie de se libérer de la servitude prétendue sur un héritage : on ne se-

____

(1) Voy. *suprà*, n° 277, 281, et *infrà*, n° 520.

rait pas écouté, attendu que la prescription, considérée comme moyen de se libérer, n'est translative d'aucun droit, tant qu'elle n'est point accomplie; et, qu'interrompue en quelque temps que ce soit, même le dernier jour avant son accomplissement, elle se trouve anéantie, et ne produit pas plus d'effet que si jamais elle n'eût commencé à courir (1).

308. Pour être recevable à exercer l'action possessoire, au sujet d'une servitude prétendue sur un héritage, il faut, sans faire aucune concession sur le fond du droit, soutenir que, depuis plus que l'an et jour, on est en possession franche et paisible de l'héritage.

309. *Deuxième objection.*—Dire que la règle, en général, applicable aux immeubles incorporels vêtus, l'est, en particulier, aux servitudes qu'il est question d'acquérir; sauf cependant la seule exception qu'on a vue (2), et qui, comme l'on sait, ne porte que sur certaines servitudes consensuelles; n'est-ce pas émettre un principe contradictoire? Car n'est-ce pas

---

(1) *Voy.* Dunud. *Traité des Prescriptions*, 1ʳᵉ part., chap. 9.

(2) Voy. *suprà*, n° 301.

avancer que les servitudes non consensuelles, c'est-à-dire ou légales naturelles, ou légales arbitraires (1), qui toutes ont leur source dans la loi, et conséquemment ne sont point prescriptibles (car la prescription, en tant que mode d'acquérir, ne peut s'appliquer à ce qui déjà est aquis), sont toutefois, et même sans aucune exception, affectées du mode de prescriptibilité requis pour produire l'action possessoire.

310. Je suis loin de prétendre que les servitudes, soit légales naturelles, soit légales arbitraires, qui toutes, de leur essence, sont imprescriptibles (en ce sens que, s'établissant par l'autorité seule de la loi, il est absolument indifférent d'y joindre ou non le fait matériel de la possession), soient affectées d'un mode quelconque de prescriptibilité : mais n'est-il pas évident que le caractère de prescriptibles, qui leur manque, se trouve abondamment suppléé par celui de légales, qui leur est propre, et qui, pour elles, est bien plus qu'une simple prescriptibilité, puisqu'il est un titre inattaquable (2)?

____

(1) Voy. *suprà*, n° 247 à 249.
(2) Voy. *infrà*, n° 522.

311. D'après cette dernière considération, l'on doit décider que, bien qu'imprescriptible lorsqu'elle n'est pas tout à la fois continue et apparente, une servitude consensuelle devrait toujours, si elle était fondée sur un titre, donner lieu à l'action possessoire : tel est l'avis implicite de M. Henrion de Pansey (1); tel est l'avis explicite et formel de MM. Pardessus (2) et Poncet (3); telle est enfin la jurisprudence constante de la Cour de cassation (4).

312. Et, parce qu'une prescription acquise équivaut à un titre, on serait autorisé à prétendre, avec M. Poncet (5), qu'aujourd'hui même encore, les servitudes qui, d'après le Code, sont imprescriptibles, mais qui, avant le Code, étaient prescriptibles; supposé qu'avant le Code elles eussent été prescrites, aujourd'hui encore pourraient autoriser l'exercice de l'action possessoire; pourvu toutefois que la prescription fût avouée. Car si, au contraire, cette pres-

---

(1) Voy. *infrà*, n° 523.

(2) Voy. *infrà*, n° 524.

(3) Voy. *infrà*, n° 525.

(4) Voy. *infrà*, n° 526.

(5) Voy. *infrà*, n° 527.

cription se trouvait déniée, la considération qu'on vient de présenter devrait céder à cette autre considération plus puissante, savoir, que le succès de l'action possessoire, jamais et en aucune manière, ne doit être subordonnée à une preuve qui reposerait sur des faits remontant au delà de l'an et jour (1).

N° 3.

Des meubles incorporels nus.

313. Si les meubles incorporels vétus, qui tous supposent la possession des meubles corporels auxquels ils se rapportent (2), ne sont point cependant affectés du mode de prescriptibilité requis pour produire l'action possessoire (3), à combien plus forte raison doit-il en être de même des meubles incorporels nus, dont aucun ne suppose la possession des meubles corporels auxquels il se rapporte (4)! Ainsi, les meubles incorporels nus ne peuvent être qualifiés de prescriptibles : ou , en d'autres

______

(1) Voy. *suprà*, n° 147 , et *infrà*, 528.
(2) Voy. *suprà*, n° 237 à 242.
(3) Voy. *suprà*, n° 296.
(4) Voy. *suprà*, n° 237 à 242.

termes, les meubles incorporels nus n'autorisent jamais l'exercice de l'action possessoire.

N° 4.

Des immeubles incorporels nus.

314. La différence qui, sous le rapport de la prescriptibilité, existe entre les meubles et les immeubles, en tant que corporels, ne s'appliquant aux meubles et aux immeubles, en tant qu'incorporels vêtus, qu'à raison de ce que ceux-ci supposent la possession de ceux-là (1), ne saurait s'appliquer aux meubles et aux immeubles, en tant qu'incorporels nus ; puisqu'aucun de ces derniers ne suppose la possession des meubles ou des immeubles auxquels il se rapporte (2).

315. Puis donc que, comme on l'a vu (3), les meubles incorporels vêtus ne sont point affectés de mode de prescriptibilité requis pour produire l'action possessoire, on doit en dire

---

(1) Voy. *suprà*, n° 237 à 242.

(2) Voy. *suprà*, ibid.

(3) Voy. *suprà*, n° 296.

autant des immeubles incorporels nus : ou, en d'autres termes, les immeubles incorporels nus n'autorisent jamais l'exercice de l'action possessoire.

316. Qu'importe, en effet, que l'obligation souscrite, qu'importe que l'action qui en résulte, ait pour objet un meuble ou un immeuble? Pourrait - on prétendre avoir une possession utile, tant qu'on ne se prévaudrait, ni de cette obligation, ni de cette action ?, et serait-on jamais admis à s'en prévaloir, si l'on ne justifiait pas qu'on en est propriétaire? Si donc, en pareille matière, la propriété doit être l'indispensable fondement de la possession, comment la possession pourrait-elle être celui de la propriété ?

CHAPITRE II.

De la division de l'action possessoire en complainte et en réintégrande.

317. J'ai dit, au sujet de l'interruption de possession, que, *loin qu'en thèse générale, le trouble ou la spoliation fasse obstacle à l'exercice de l'action possessoire, cette action, au*

contraire, *jamais n'a d'autre origine* (1); et de là sort effectivement la division de cette même action en complainte et en réintégrande : la complainte dérivant du trouble; et la réintégrande, de la spoliation.

318. Si toutefois, avec M. Henrion de Pausey (2), l'on admettait, entre la complainte et la réintégrande, cette différence que, pour être admis à la première de ces deux actions, il faut avoir la saisine (3), tandis que, pour être admis à la seconde, il suffit de prouver que l'on possédait au moment de la spoliation; comme on sait d'ailleurs que la saisine est de l'essence de toute action possessoire (4), il faudrait restreindre à la seule complainte toutes les actions qui sont véritablement possessoires, et reléguer la réintégrande parmi celles qui ne le sont que de nom, et qui, comme on l'a vu (5),

____

(1) Voy. *suprà*, n° 181.

(2) Voy. *Compétence des Juges de paix*, p. 508, 2° alinea des 4° et 5° édit.; 515, 3° alinea de la 6°.

(3) Qu'est-ce que la saisine ? Voy. *suprà*, n° 139.

(4) Voy. *ibid*.

(5) Voy. *suprà*, n°s 152, 156, et *infrà*, n° 519.

sont attachées au simple fait d'une possession plus ou moins défectueuse.

319. Cependant, parce que, sous des motifs du plus grand poids, l'on ne peut, entre la condition du demandeur en complainte et celle du demandeur en réintégrande, admettre une différence aussi considérable que celle dont on vient de parler, il est bon de se livrer à l'examen de ces motifs, afin de les apprécier à leur juste valeur.

320. *Premier motif.*—La saisine, supposant une possession paisible (1) et publique (2), ne peut appartenir au spoliateur ; celui-ci ne possédant qu'en vertu d'un acte de violence ou de fraude (3). Donc aucun litige sur la question du possessoire ne peut s'engager avec lui : donc, pour être recevable à l'expulser, il est inutile d'exciper · contre lui du bénéfice de la saisine.

Je reponds : Il n'est pas vrai que la saisine ne puisse appartenir au spoliateur : ce qui est vrai, c'est qu'elle ne peut résulter d'un acte

---

(1) Voyez *suprà*, nos 139, 142, 153, 155, 156.

(2) Voy. *suprà*, nos 139, 142, 153, 157 à 163.

(3) Voy. *suprà*, no 156.

de spoliation; mais, de ce qu'elle ne peut résulter d'un acte de spoliation, s'ensuit-il qu'elle
n'ait pu exister antérieurement, et au profit
de celui qui s'est ensuite rendu coupable de
spoliation? Non, certes : et telle est la solution qu'implicitement adopte M. Henrion de
Pansey lui-même, lorsque, signalant une autre
différence entre la complainte et la réintégrande, différence qui, pour le dire en passant,
se trouve intimement liée à celle dont nous
nous occupons, et doit par conséquent en
suivre le sort, il s'exprime ainsi : « Celui qui
« succombe sur une demande en complainte
« ne peut plus agir qu'au pétitoire ; la voie
« possessoire, au contraire, est encore ouverte
« à celui qui, sur une demande en réinté-
« grande, a été condamné à restituer l'objet
« dont il s'était emparé par violence » (1). Mais,
si M. Henrion de Pansey reconnaît que la *voie
possessoire est ouverte à celui qui, sur une
demande en réintégrande, a été condamné à
restituer l'objet dont il s'était emparé par violence :* c'est-à-dire, en d'autres termes, s'il re-

____

(1) Voy. *Compétence des Juges de paix,* p. 5o8, 4ᵉ alinea
des 4ᵉ et 5ᵉ édit. ; 5ɪ6, 2ᵉ alinea de la 6ᵉ.

connaît que l'action possessoire n'est point refu-sée au spoliateur, celui-ci peut donc en user : or, comment le pourrait-il, si jamais il n'avait la saisine, sans laquelle une pareille action ne saurait être exercée (1)? Le spoliateur peut donc avoir la saisine : et dès lors quelle raison de ne pas l'écouter lorsqu'il s'en prévaut, et de le condamner *de plano* à restituer une pos-session que plus tard on se verra forcé de lui restituer à lui-même?

321. *Deuxième motif.*—« Lorsque la violence « a dépouillé celui qui jouissait, rien de plus « naturel que d'ordonner préalablement sa réin-« tégrande, sauf ensuite à examiner et à peser « les moyens et les titres de son adversaire » (2).

J'en suis d'accord, quant aux titres, parce qu'ils se réfèrent naturellement à l'action péti-toire, raison pour laquelle le juge de paix n'a point à s'en occuper, si non possessoirement, et sans rien préjuger sur la question de pro-

---

(1) Voy. *suprà*, n°s 138, 139.

(2) *Voy.* M. Henrion de Pansey, *Compétence des Juges de paix*, p. 505, 2e alinea des 4e et 5e édit. ; 513, 2e alinea de la 6e.

priété (1); mais, quant aux moyens du possessoire, il me paraît bien plus naturel et plus équitable de les balancer avec les moyens de la partie adverse, que de ne faire droit qu'aux prétentions de celle-ci, sans égard aux prétentions du défendeur à la réintégrande; de condamner ce dernier à un délaissement de possession, que nulle part la loi ne prononce, et qui sera le germe d'un nauveau procès; tandis que, réduites à une simple indemnité pécuniaire (2), les réparations civiles, dues par le spoliateur, à l'individu dépouillé, n'empêcheront ni d'attribuer à la saisine du premier le privilége que réclame cette possession caractérisée, ni de terminer, par un seul et même jugement, la contestation tout entière?

322. *Troisième motif.*—Ne serait-il pas scandaleux qu'un spoliateur fût maintenu dans la possession dont il s'est, de vive force, emparé? et la société serait-elle, sans effroi, une sanction aussi manifeste du droit du plus fort?

---

(1) Voy. M. Henrion de Pansey, *Compétence des Juges de paix*, chap. 41; les arrêts cités au n° 311 *suprà*; et le n° 153 *infrà*.

(2) Voy. *infrà*, n° 529.

Voilà, sans doute, une considération d'un ordre bien élevé, et à laquelle nous n'hésiterions pas de nous rendre, s'il n'était facile de la rétorquer, contre l'opinion même qu'on veut faire prévaloir.

Supposons, en effet, qu'un possesseur, investi de la saisine, ayant été par violence dépouillé de sa possession, s'y soit, de sa propre autorité, rétabli dans l'an et jour de la spoliation par lui essuyée, (car s'il ne s'y était rétabli qu'après ce délai, un pareil rétablissement n'empêcherait pas que sa possession ne fût entachée du vice d'interruption (1)); et que l'auteur de cette première spoliation s'avise de trouver mauvais que l'on ait usé envers lui de représailles, et s'adresse au juge de paix pour se faire réintégrer dans une possession que, le premier, il avait de vive force usurpée. Dans une telle hypothèse, devra-t-on condamner le possesseur légitime à la lui relâcher? l'affirmative ne serait-elle pas une injustice révoltante, et toutefois une conséquence immédiate du système que je combats?

323. *Quatrième motif.* — Ne sait-on pas que

____

(1) Voy. *suprà*, n° 181.

le possesseur, dépouillé par violence de sa possession, doit, avant tout, y être réintégré; et cela, en vertu de la maxime : *Spoliatus ante omnia restituendus ?*

Je reponds qu'indistinctement appliquée à tous les cas, cette maxime serait plus conforme à la rigueur du droit romain, qu'appropriée à nos institutions actuelles (1). Car autant, appliquée aux actions possessoires improprement dites (2), elle se concilie avec l'équité naturelle, autant, appliquée aux actions possessoires proprement dites, elle serait subversive de tous les principes que nous avons développés.

Qu'y a-t-il, en effet, de plus équitable, que là où, de part et d'autre, la possession est tellement défectueuse, qu'aucune des deux parties n'élève de prétention à la saisine; celui qui, par fraude ou violence (3), s'est emparé de la possession d'une chose déjà possédée par une autre personne, soit condamné à relâcher la possession à cette autre personne qui a sur lui l'avantage d'une possession plus ancienne (4).

____

(1) Voy. *infrà*, n° 529.
(2) Voy. *suprà*, n°s 152 et 156.
(3) Voy. *suprà*, n° 179.
(4) Voy. *suprà*, n°s 152 et 156.

Qu'y aurait-il, au contraire, de plus subversif des principes établis, que d'admettre, a l'exercice d'une action dont la saisine est l'âme, celui qui ne serait pas effectivement revêtu de la saisine, et qui n'y prétendrait même aucun droit; tandis qu'on rejetterait la défense du possesseur qui se prévaudrait de cette même saisine et en serait effectivement revêtu : deux absurdités également intolérables.

324. Disons donc, pour nous résumer au sujet des motifs qu'on pourrait faire valoir afin de légitimer la différence proposée, par rapport à la saisine, entre la complainte et la réintégrande, que, mûrement examinés, ces motifs ne sont d'aucun poids; et qu'en conséquence, la saisine n'est pas moins nécessaire à celui qui veut se pourvoir en réintégrande, qu'à celui qui veut exercer la complainte.

325. Faudrait-il donc bannir, jusqu'à la différence de noms entre l'une et l'autre de ces deux actions?

Il faudrait bien s'en garder; car la complainte et la réintégrande, si elles ne diffèrent pas sous le rapport de la saisine, diffèrent essentiellement sous d'autres rapports.

326. Ainsi, par exemple, la complainte, ne

supposant jamais aucune voie de fait envers les personnes, ne donna lieu jamais qu'à une action purement civile : la réintégrande, au contraire, supposant toujours un acte de violence ou de fraude (1), peut, si les voies de fait auxquelles elle doit son origine sont assez graves pour mériter l'application d'une peine, donner lieu à une poursuite criminelle (2).

327. Ainsi, encore, comme on l'a vu plus haut (3), celui qui succombe sur une demande en complainte ne peut plus agir qu'au pétitoire; la voie possessoire, au contraire, est encore ouverte à celui qui, sur une demande en réintégrande, a été condamné à restituer l'objet dont il s'était emparé par violence.

CHAPITRE III.

De la valeur qu'il convient d'attribuer à l'action possessoire.

328. Nous avons dit ailleurs (4) que les ac-

----

(1) Voy. *suprà*, n° 179.

(2) Ce terme de *criminelle* est pris dans son acception la plus large, et comme au n° 4 *suprà*, et 410 *infrà*.

(3) *Voyez* le Passage de M. Henrion de Pansey, précité au n° 320, *suprà*.

(4) Voyez *suprà*, n° 123.

tions dont se compose la seconde classe des attributions civiles-judiciaires du juge de paix ont cela de commun avec celles dont se compose la première, que le juge de paix ne peut, ni sur les unes, ni sur les autres, statuer sans appel, qu'autant que la valeur en est fixée à une somme qui n'excède pas 5o francs.

329. L'action possessoire, faisant partie des attributions de seconde classe, ne peut donc échapper à l'application de ce principe : en d'autres termes, elle ne peut être jugée souverainement et sans appel, par le juge de paix, qu'autant que la valeur en est fixée à une somme qui n'excède pas 5o francs.

33o. Mais, à quel signe reconnaîtrons-nous que la valeur d'une telle action excède ou non cinquante francs? telle est la question qui se présente naturellement ici.

331. M. Henrion de Pansey (1) propose, à cet égard, une distinction entre la complainte et la réintégrande, distinction qui consiste à reconnaître dans la complainte, et à méconnaître dans la réintégrande une valeur dis-

----

(1) Voy. *Compétence des Juges de paix*, chap. 5o.

tincte des dommages-intérêts dont l'une ou l'autre de ces deux actions serait accompagnée ; distinction, au reste, qui, n'étant qu'une suite et une conséquence de celle que nous croyons avoir victorieusement combattue au chapitre précédent, doit également être écartée.

332. Écartant donc toute distinction entre la complainte et la réintégrande, faisons, à l'une comme à l'autre, l'application du principe établi par M. Henrion de Pansey, relativement à la seule complainte.

333. Or, cet auteur ne voit qu'une hypothèse où sans difficulté, la complainte pourrait être jugée, en dernier ressort, par le juge de paix ; et cette hypothèse est celle où le demandeur aurait alternativement conclu, soit à la maintenue possessoire, soit au paiement d'une somme n'excédant pas 5o francs (1).

334. Dans toute autre hypothèse, M. Henrion de Pansey, sans manifester ouvertement son avis, laisse assez entrevoir qu'il donne la préférence au système, adopté d'abord, rejeté ensuite, par la Cour de cassation, et qui attribue à la complainte une valeur indéterminée,

____

(1) **Voy.** *infrà*, n° 53o.

quelque modiques que puissent être d'ailleurs les dommages-intérêts réclamés. Écoutons le magistrat (1) :

« Pierre a coupé un arbre dans une forêt « dont je suis en possession, et l'a enlevé.

« Je le traduis devant le juge de paix, et je « demande qu'il soit condamné à me restituer « cet arbre ou à me donner une somme de 12 liv. « pour sa valeur, et en outre 24 liv., à titre de « dommages-intérêts. . . . .

. . . .

« Pierre ne nie pas le fait; il en convient, « et il dit qu'il est propriétaire de la forêt, et « qu'il avait le droit de faire ce qu'il a fait.

« Pour écarter la question de propriété, j'a- « joute à mes premières conclusions une de- « mande en complainte; et, sans abandonner « celles en restitution de l'arbre, je déclare « que je prends son enlèvement pour trouble « à ma possession ancienne, et notamment d'an « et jour, et je conclus à être maintenu pos- « sessoirement dans la jouissance de la forêt.

« Il est clair que dans ce cas le juge de paix

____

(1) *Voy.* p. 490 et suiv. des 4ᵉ et 5ᵉ édit.; 498 et suiv. de la 6ᵉ.

« a à statuer sur deux actions, l'une en reven-
« dication, l'autre en complainte.

« Il est également clair que la seconde, celle
« en complainte, est préjudicielle, et devient
« la première, comme elle est la plus impor-
« tante. Chacune de ces deux actions a une va-
« leur; cela est incontestable.

« Celle de la première est de 36 livres.

« *Celle de la seconde est indéterminée.*

« *Tout le monde convient que, si cette der-*
« *nière était seule, il n'y aurait pas lieu au der-*
« *nier ressort. Sa réunion à la demande de 36 fr.*
« *lui fait-elle perdre le privilége de l'appel ?*
« tel est, en dernière analyse, le point auquel
« se réduit la difficulté.

« Il paraît que la négative a d'abord prévalu,
« même dans la Cour de cassation (1); mais
« cette Cour est revenue à l'opinion contraire
« par trois arrêts fort récens (2) qui constituent
« le dernier état de sa jurisprudence. »

____

(1) *Voy.* arrêts des 24 messidor an XI, 24 prairial an XII
et 25 août 1806, rapportés par M. Sirey, dans son Recueil,
t. III, 2ᵉ part., col. 344 et 345, et t. VII, 2ᵉ part.
p. 781.

(2) Ce sont ceux des 20 thermidor an XII, 23 fructidor
suivant, et 20 ventôse an XIII, rapportés dans le même
Recueil, t. V, 2ᵉ part., p. 155 à 157.

Honneur à la Cour régulatrice ! après avoir suivi long-temps la doctrine attestée pour ces trois arrêts (1), doctrine qui, nous devons le dire, était subversive des vrais principes, elle l'a enfin solennellement abjurée par un arrêt d'autant plus digne de fixer notre attention, qu'il a été rendu par toutes les sections réunies sous la présidence de sa grandeur le garde des sceaux :

« Attendu, porte cet arrêt, qu'il est de prin-
« cipe général que les actions ayant pour objet
« des choses d'une valeur indéterminée doi-
« vent subir deux degrés de juridiction; que la
« loi n'a pas excepté, de l'application de la
« règle générale, l'action en complainte; qu'il
« suit de là que, si l'immeuble ou droit réel dont
« la possession est litigieuse, et dans lequel le
« demandeur en complainte veut se faire main-
« tenir, est d'une valeur indéterminée, le juge

____

(1) Ainsi qu'ou le peut voir par ceux des 6 octobre 1807, 28 octobre 1808, 13 novembre 1811 et 1er juillet 1812, rapportés dans le même Recueil, tom. XX, 1re part., p. 456, tom. IX, 1re part. p. 26 et 27, tom. XII, 1re part. p. 148 et 149, enfin, même tome, même part., p. 351 et 352.

« de paix ne peut statuer qu'en premier res-
« sort » (1).

335. Concluons que l'action possessoire,
ayant pour valeur la valeur même de la chose
qui en fait l'objet, ne saurait être de la compétence souveraine du juge de paix, qu'autant
que cette chose demeurerait évaluée, entre les
parties (2), à une somme n'excédant pas 50 fr.

CHAPITRE IV.

*Des diverses espèces d'actions possessoires mentionnées
au § 2 de l'art. 10, tit. III de la loi du 24 août
1790.*

336. J'ai à parler ici, 1° des déplacemens
de bornes; 2° des usurpations de terres, arbres, hories, fossés, et autres clôtures; 3° enfin
des entreprises sur les cours d'eau. Ce sera
l'objet des trois sections suivantes :

---

(1) *Voy.* le Recueil de M. Sirey, t. XXII, 1re partie
p. 375 à 377.

(2) Voy. *suprà*, nos 119, 134; et *infrà*, n° 510.

SECTION PREMIÈRE.

Des déplacemens de bornes.

337. D'après M. Poncet, le déplacement de bornes donne lieu à l'action en complainte (1); et, d'après M. Henrion de Pansey, ce déplacement autorise la réintégrande (2). Comment concilier deux assertions qui offrent une contradiction aussi apparente ?

Comment les concilier ? d'une manière bien simple. Car la doctrine même que ces auteurs ont professée fournit ici une distinction qui les met d'accord ; distinction d'après laquelle le trouble ne donne lieu qu'à la complainte, et la spoliation seule autorise la réintégrande

Or, parce qu'un déplacement de bornes peut, selon les circonstances, caractériser, soit un simple trouble, soit une spoliation ; selon que ce déplacement a eu lieu, soit à l'insu du voisin, soit malgré sa résistance : il en résulte évidem-

---

(1) Voy. *Traité des Actions,* nᵒˢ 87 et 89 combinés.

(2) Voy. *Compétence des Juges de paix ,* p. 232 , 2ᵉ alinéa.

ment que le déplacement de bornes , tantôt ne donne lieu qu'à la simple complainte , tantôt autorise la réintégrande.

338. Aussi, après qu'ils ont dit ; M. Poncet (1), que le déplacement de bornes donne lieu à la complainte ; et M. Henrion de Pansey (2), que ce déplacement autorise la réintégrande ; n'ont-ils eu garde d'ajouter ; le premier, que le déplacement de bornes n'autorise jamais la réintégrande ; et le second, que ce déplacement ne donne jamais lieu à la simple complainte (3).

SECTION II.

Des usurpations de terres, arbres, haies, fossés, et autres clôtures.

339. Entre ces diverses espèces d'usurpations, l'usurpation de terres est la principale ; parce qu'elle peut exister indépendamment de toutes les autres, tandis qu'aucune de celles-ci ne peut exister indépendamment de celles-là.

---

(1) *Implicitement.* (*Voyez* notre dernière citation de cet auteur).

(2) *Explicitement.* (Voy. notre dernière citation de cet auteur).

(3) Voy. *infrà*, n° 531.

340. Ainsi, usurper un fonds qui n'est implanté d'aucun arbre, entouré d'aucune haie, d'aucun fossé, d'aucune autre clôture; n'est-ce pas commettre une usurpation de terre absolument indépendante de toutes les autres espèces d'usurpation dont je viens de parler?

Au contraire, usurper la jouissance, soit d'arbres, ou de haies, en les abattant, les étronchant, récoltant leurs fruits ; soit de fossés, en les comblant, ou s'en appropriant le rejet; soit de toutes autres clôtures enfin, en les tournant à son profit ou les dénaturant; n'est-ce pas usurper encore la portion de terre afférente à ces objets, et dont ils sont, ou un simple accessoire, ou une pure modification?

341. Les usurpations, au reste, que d'ailleurs elles affectent une terre couverte ou dépourvue de végétation ou de constructions, caractérisent, soit un trouble, soit une spoliation, et par conséquent donnent lieu, suivant les distinctions qu'on a vues (1), soit à la complainte, soit à la réintégrande.

____

(1) Voy. *suprà*, n°s 181 , 317.

SECTION III.

Des entreprises sur les cours d'eau.

342. Si les cours d'eau quelquefois marquent leur présence par des ravages, plus souvent ils la signalent par des bienfaits : ce sont les cours d'eau qui fertilisent nos campagnes, alimentent nos usines, offrent au commerce le véhicule le plus puissant. Pourquoi faut-il que de si précieux avantages soient balancés par les jalousies, les haines, les procès, dont les cours d'eau, si fréquemment, sont l'occasion ?

343. Entre les nombreuses difficultés qu'ils font naître, la loi, s'il faut s'en tenir au texte précité (1), ne soumet au juge de paix que *les entreprises sur les cours d'eau servant à l'arrosement des prés, commises dans l'année.*

De là, et en s'en tenant toujours à la précision de ce texte, sortiraient deux conséquences.

La première, que les entreprises sur les cours d'eau, ne pouvant être portées devant le juge de paix, qu'autant que ces cours d'eau serviraient à l'arrosement des prés, ne le pourraient, s'ils servaient à l'arrosement d'héritages de tout autre nature.

La seconde, que ces mêmes entreprises, ne

____

(1) Voy. *suprà*, n° 135.

pouvant être portées devant le juge de paix, que dans l'année de l'entreprise, ne le pourraient, si plus d'une année s'était écoulée depuis l'entreprise.

344. De ces deux conséquences, aussi rigoureusement déduites l'une que l'autre du texte ci-dessus rappelé (1); il faut cependant admettre la seconde et rejeter la première.

Il faut admettre la seconde, parce qu'elle se trouve en harmonie parfaite avec le principe établi à la section première du présent titre (2); principe d'après lequel la possession doit être annale pour fonder l'action possessoire.

Il faut rejeter la première, parce qu'elle se trouve en contradiction formelle avec le principe établi, en tête du présent titre (3), principe d'après lequel le juge de paix doit, sans nulle restriction, connaître de toutes les actions possessoires; et par conséquent des entreprises sur les cours d'eau, commises dans l'année, quelle que soit d'ailleurs la nature des héritages qu'ils arrosent.

345. Concluons, en nous résumant, que si,

---

(1) Voy. *suprà*, n° 135 précité.

(2) Voy. *suprà*, n° 144 à 152.

(3) Voy. *suprà*, n° 136.

relativement aux entreprises sur les cours d'eau, il est de rigueur, pour exercer l'action possessoire, que cette même action soit intentée dans l'année de l'entreprise, il n'est pas de rigueur, pour l'exercer, que les cours d'eau servent à l'arrosement des prés ; puisqu'on peut l'exercer encore à l'égard des cours d'eau qui serviraient à l'arrosement d'héritages de tout autre nature.

346. Dans le dessein de présenter ici le germe des principales actions possessoires auxquelles peuvent donner lieu les entreprises sur les cours d'eau, nous parlerons, en autant de paragraphes : 1° des eaux pluviales ; 2° des sources; 3° des ruisseaux et petites rivières. Quant aux fleuves et rivières navigables et flottables (1), nous n'en parlerons point, non plus que des mers (2); celles-ci n'étant susceptibles d'aucun autre règlement que de ceux insérés dans les traités de puissance à puissance; et ceux-là, que de ceux portés par l'autorité administrative de chaque nation : tous règlemens dont l'application n'entre pas dans les attributions civiles judiciaires du juge de paix.

____

(1) Voy. *Cod. civ.*, art. 537 , 538, et *suprà*, n° 220.
(2) Voyez *ibid.*

§ Ier.

Des eaux pluviales.

347. Chaque propriétaire peut s'approprier exclusivement les eaux pluviales, soit en les absorbant par des irrigations, soit en leur creusant un réservoir. Il peut même les dériver de la voie publique, sur son héritage, sous la condition de ne pas aggraver la servitude d'écoulement, imposée par la loi aux fonds inférieurs (1). Le propriétaire de celui-ci ne serait donc pas recevable à intenter l'action possessoire, sous prétexte que, depuis l'an et jour, il serait lui-même en possession de dériver les eaux de la voie publique sur son propre héritage (2).

§ II.

Des sources.

348. Le propriétaire d'une source peut en disposer à son gré, sauf trois restrictions tirées :

------

(1) Voy. *Cod. civ.*, art. 640, et *suprà*, n° 248.

(2) *Voy.* M. Henrion de Pansey, *Compétence des Juges de paix*, chap. 26, § 5.

la première, de l'article 640 du code civil, qui comme on l'a vu au paragraphe précédent, ne permet pas au propriétaire supérieur de rien faire qui aggrave la servitude d'écoulement, imposée par la loi au fonds inférieur : la seconde, de l'article 641, qui prévoit le cas où, soit par titre, soit par prescription, le propriétaire du fonds inférieur aurait acquis des droits à la source; la troisième enfin, de l'art. 643, qui défend au propriétaire de la source, d'en changer le cours; lorsque cette source fournit aux habitans d'une commune, d'un village, ou d'un hameau, l'eau qui leur est nécessaire.

349. L'action possessoire pourrait donc être intentée, soit par le propriétaire de la source, s'il était troublé dans la possession de son droit, ou dépouillé de cette possession; soit contre lui-même, s'il se permettait d'enfreindre l'une des trois restrictions apportées par la loi à ce même droit et qui viennent d'être mentionnées (1).

____

(1) *Voy.* le n° précédent.

§ III.

Des ruisseaux et petites rivières.

35o. Les ruisseaux ne diffèrent des petites rivières que par le volume moins considérable de leurs eaux. Les uns et les autres, d'ailleurs, étant régis par l'article 644 du Code civil, qui les comprend sous la dénomination commune d'eau courante, et permet à tout riverain d'en user, on n'a pas cru devoir en traiter séparément.

351. De cet article 644, source unique des droits des propriétaires riverains, découlent aussi leurs devoirs.

352. Ainsi, de ce que chaque propriétaire peut user de l'eau courante qui borde ou traverse sa propriété, il résulte qu'aucun n'a le droit d'en priver les autres ; ni en imprimant à l'eau un nouveau cours ; ni en obstruant les prises d'eau pratiquées pour les fonds supérieurs ; ni en absorbant sur son propre fonds, et au préjudice des fonds inférieurs, une quantité d'eau plus que proportionnelle à ses droits.

353. L'action possessoire pourrait donc être exercée dans chacune de ces trois hypothèses,

dont les deux premières présentent, au juge de paix, un simple fait à éclaircir; et la troisième lui offre à résoudre une question fort délicate, pour la solution de laquelle les principes sanctionnés par l'article 645 du Code civil, bien que spécialement relatif aux décisions à intervenir au pétitoire (1), lui seront toutefois d'un d'un grand secours.

CHAPITRE V.

De la dénonciation de nouvel œuvre.

354. Par *dénonciation de nouvel œuvre*, on entendait, suivant les lois romaines, l'interdiction ou prohibition (2) même purement verbale (3), intimée au voisin, de continuer l'ouvrage qu'il avait entrepris, et fondée sur

---

(1) Voy. *infrà*, n° 532.

(2) *Sunt tamen qui putant, propriè interdicta ea vocari quæ prohibitoria sant, quia interdicere est denunciare, prohibere.* Inst. *de Interdictis*, § 1, *in fine.*

(3) *Prohibitus autem intelligitur quolibet prohibentis actu; id est, vel dicentis se prohibere, vel ... L.* 205, ff., *quod vi aut clàm.*

ce que cet ouvrage produisait une innovation à l'ancien état des lieux.

355. Cette interdiction ou prohibition avait pour but de conserver un droit, ou de prévenir un dommage (1) : ce qui n'empêchait pas que le voisin à qui elle s'adressait ne pût avoir de justes raisons pour légitimer son nouvel ouvrage (2).

356. Elle était également applicable, au voisin de ville, et au voisin de campagne (3); également encore, au voisin immédiat, et à l'arrière voisin (4).

357. S'adressant à la chose, plutôt qu'à la

---

(1) *Nunciatio fit, aut juris nostri conservandi causâ, aut damni depellendi gratiâ.* L. 1 , § 16, ff. *de operis novi nunciatione.*

(2) *Hoc edicto promittitur ut, sive jure, sive injuriâ opus fieret ; per nunciationem inhiberetur.* L. 1, *in principio*, ff., *de operis novi nunciatione.*

(3) *Sive autem intra oppida, sive extra oppida, in villis vel agris opus novum fiat, nunciatio hoc edicto locum habet.* L. 1 , § 14, *ibid.*

(4) *Non solùm proximo vicino, sed etiam superiori opus facienti nunciare opus novum potero : nam et servitutes quœdam , intervenientibus mediis locis , vel publicis, vel privatis, esse possunt.* L. 8, *ibid.*

personne (1); elle pouvait être intimée, soit au voisin qui faisait le nouvel ouvrage , soit à l'architecte qui le dirigeait, soit à l'ouvrier qui l'exécutait (2).

358. Deux conditions, toutefois, étaient requises pour l'efficacité de la dénomination de nouvel œuvre : la première, qu'il fût question d'un travail commencé (3), et non encore terminé (4); la seconde, d'un travail destiné à produire une innovation à l'ancien état des

---

(1) *Operis nunciatio in rem fit, non in personam, et ideò furioso et infanti fieri potest : nec tutoris auctoritas in eâ nunciatione exigitur.* L. 10, ff. , *de operis novi nunciatione.*

(2) *Nunciari autem non utiquè domino oportet : sufficit enim in præsenti nunciari ei qui in re præsenti fuerit, usque adeò ut etiam fabris, vel opificibus, qui eo loco operantur, opus novum nunciari possit....* , L. 5 , § 3 , *ibid.*

(3) Autrement l'on n'aurait que l'action *de damno infecto.... damnum infectum est damnum nondùm factum, quod futurum veremur.* L. 2, ff. *de damno infecto.*

(4) *Hoc autem edictum remediumque operis novi nunciationis adversùs futura opera introductum est, non adversùs præterita.* L. 1 , § 1, *in principio,* ff. *de operis novi nunciatione.*

lieux (1), et non la restauration d'un vieil édifice (2).

359. La dénonciation de nouvel œuvre dérivait d'une cause, ou naturelle, ou publique, ou imposée (3).

360. *Naturelle*, si quelqu'un se permettait d'appuyer sur notre mur, ou de construire sur notre fonds.

361. *Publique*, si quelqu'un se portait à enfreindre les dispositions des lois, dans leurs rapports avec l'ordre public et l'intérêt général.

362. *Imposée* enfin, si quelqu'un contrevenait formellement à la servitude négative par lui-même imposée sur son propre héritage, soit de ne pas bâtir, soit de ne pas élever ses constructions au delà d'une certaine hauteur, soit de ne rien faire qui pût nuire aux vues du voisin (4).

---

(1) *Opus novum facere videtur qui aut œdificando, aut detrahendo aliquid, pristinam faciem operis mutat.* L. 1, § 11, *ibid.*

(2) *Si quis œdificium vetus fulciat, an opus novum nunciare ei possimus, videamus? et magis est ne possimus. Hic enim non opus novum facit, sed veteri sustinendo remedium adhibet.* L. 1, § 13, *ibid.*

(3) Voy. *infrà*, n° 533.

(4) Voy. *infrà*, n° 534.

363. L'effet ordinaire (1), et très-remarquable, de la dénonciation de nouvel œuvre consistait à suspendre, de plein droit, les travaux commencés; en sorte que, fondé, ou non, qu'eût été le constructeur à les entreprendre, il ne pouvait les continuer , qu'après avoir fait agréer au dénonciateur (2) un cautionnement, pour répondre du préjudice possible qu'occasionerait la continuation des ouvrages, ou qu'après avoir obtenu du magistrat, une main-levée de la dénonciation de nouvel œuvre (3). Au reste, ce cautionnement ou cette main-levée ne produisait que des effets purement provisoires, et ne permettait au constructeur de continuer ses ouvrages, que sauf

______

(1) Je dis *ordinaire.* Car il en aurait été autrement si la dénonciation avait paru calomnieuse, ou si, de sa nature, l'ouvrage n'avait pu souffrir aucun retard : *nunciatio quandò manifestè est calumniosa, potest licitè sperni.* L. 1, § 18, ff. *de operis novi nunciatione.*

Nunciatione novi operis non potest prohiberi faciens opera quorum mora periculum aliquod est allatura. L. 5, § 11. *ibid.*

(2) Voy. *infrà,* n° 535.

(3) *Sciendum est, et factâ operis novi nunciatione, cui nunciatum est, abstinere oportere, donec caveat, vel donec remissio nunciationis fiat...* L. 8 , § 4 , ff. *de operis novi nunciatione.*

par lui à se voir, en définitive, condamné à les enlever, si la question de propriété venait à être décidée contre lui (1).

364. La dénonciation de nouvel œuvre doit-elle être placée au nombre des actions possessoires? Telle est la question que nous nous proposons d'examiner ici.

365. Suivant M. Henrion de Pansey (2), l'affirmative ne souffre aucun doute, et c'est ainsi, à peu près, qu'il l'établit.

Dans l'idiome de la loi romaine, dénoncer est synonyme d'empêcher, d'interdire (3); d'où la conséquence que la dénonciation de nouvel œuvre est un interdit : or, tout interdit, ainsi que l'atteste Vinius (4), n'est autre chose qu'une action possessoire : on voit donc que la dénon-

---

(1) .... *Tunc enim si quis jus ædificandi habet, rectè ædificabit.* Ibid.

Nam, si jus non habet, interim quidem licentiam consequetur ædificandi ; sed in judicio petitorio victus, destruere tenebitur. (*Voy.* Pothier, *ad Pandectas* sup. L. 39, tit. 1, n° 24).

(2) Voy. *Compétence des Juges de paix*, p. 384 et 385.

(3) Voy. *suprà*, n° 354 et la note 1 de ce même n°.

(4) *Interdicta nihil aliud sunt quàm actiones quibus de possessione disceptatur.* Vinius , ad tit. *de Interdictis*, Inst.

ciation de nouvel œuvre est une action possessoire.

366. N'en déplaise à M. Henrion de Pansey,
cet auteur s'est un peu trop hâté de conclure.
Car, avant que de se prévaloir de l'acception du
mot *dénoncer, dans l'idiome de la loi romaine,*
avant, dis-je, que de s'en prévaloir pour la solution d'une question de jurisprudence française, n'eût-il pas fallu commencer par établir
que, dans cette jurisprudence , le mot *dénoncer*
doit recevoir encore la même réception que
dans la loi romaine ?

Or , c'est précisément ce qui n'est point ; et
nous n'en voulons point d'autre preuve que le
témoignage de M. Henrion de Pansey lui-même.

« ...L'effet de cette action » (c'est toujours
de la dénonciation de nouvel œuvre que parle
l'auteur) « se réduit à autoriser le juge de paix
« à défendre ou à permettre la continuation
« des travaux » (1).

*Si l'effet de la dénonciation de nouvel œuvre
se réduit à autoriser le juge de paix à défendre
ou à permettre la continuation des travaux ;*

______

(1) *Compétence des Juges de paix,* p. 385, 3ᵉ alinea
des 4ᵉ et 5ᵉ éditions, 385 , 2ᵉ alinéa de la 6ᵉ.

cet effet ne consiste donc point, directement et par lui-même, à la défendre ou à la permettre. Donc, prise isolément, et indépendamment du ministère du juge de paix, la dénomination de nouvel œuvre, ni ne permet, ni ne défend la continuation des travaux. De ce qu'elle ne la permet pas, s'ensuit-il qu'elle la défende ? non, certes. Car tout reste alors dans les termes du droit commun, d'après lequel il n'y a de défendu que ce qui est formellement prohibé ; elle n'est donc pas un *interdit*. De ce qu'elle ne la défend pas, il en résulte, bien plus évidemment encore, qu'elle n'est pas un *interdit*. Donc, dans aucun cas, la dénonciation de nouvel œuvre ne peut, suivant la jurisprudence française, avouée par M. Henrion de Pansey, être qualifié d'*interdit*, ni par suite d'action possessoire.

367. Il y a même plus ; on serait fondé à contester que la dénonciation de nouvel œuvre pût être, ainsi que l'avance M. Henrion de Pansey (1), d'autoriser le juge de paix à défendre ou à permettre la continuation des tra-

---

(1) *Voy.* le passage que nous venons d'extraire de la *Compétence des Juges de paix.*

vaux. Car cette dénonciation, qu'est-elle autre chose qu'un avertissement, ou verbal (1), ou écrit, qui, ne s'adressant point à l'autorité judiciaire, par-là même ne soumet la difficulté à la décision d'aucun juge ?

368. De cette dernière considération l'on nous permettra de conclure que, réduite aux formes simples qui, chez les Romains, suffisaient pour la caractériser; et, appréciée d'après les effets que chez nous, d'après ces mêmes formes, elle serait capable de produire; la dénonciation de nouvel œuvre ne peut mériter aujourd'hui la qualification d'action judiciaire ; une action de cette nature étant « l'exercice « volontaire et régulier du droit d'agir, par-de- « vant l'autorité judiciaire pour obtenir justice (2).

369. Si donc, envisagée sous cette double précision, la dénonciation de nouvel œuvre n'est pas même une *action judiciaire*, comment serait-elle une action possessoire ?

370. Au surplus, la doctrine que, relativement à la dénonciation de nouvel œuvre, nous

----

(1) Voy. *suprà*, n° 354, et la note 2 de ce même n°.

(2) *Voy*. M. Poncet, *Traité des Actions*, n° 3.

proposons ici, a déjà été proclamée par un arrêt de la cour de cassation du 11 juillet 1820 (1), dont voici les motifs.

« Attendu que les juges seuls ont le droit de « commander et de faire obéir; que les parties « intéressées ont bien le droit de sommer leurs « adversaires , par actes extrajudiciaires , de « faire ce qu'elles prétendent exiger d'eux; mais « que de pareils actes ne peuvent produire « d'autres effets que de constituer en demeure « et de rendre passible de dommages-intérêts « ceux qui n'y ont pas déféré, lorsque la de- « mande se trouve juste et bien vérifiée; que « ce principe général ne souffre pas d'excep- « tion au cas de dénonciation de nouvel œuvre; « que les lois romaines , qui en disposaient « autrement, n'ont jamais été observées en « France, et que surtout elles n'ont point été « invoquées depuis la mise en activité du Code « de procédure, qui, par son article 1041, a « déclaré abrogées toutes lois, coutumes, usages « et règlemens relatifs à la procédure civile; « que cependant c'est par application des lois

____

(1) *Voy.* le Recueil de M. Sirey, tom. 20, 1re partie, p. 384 et suiv.

« romaines que le tribunal de Castres s'est dé-
« cidé à dénier justice au demandeur, tant qu'il
« n'aurait pas remis les choses au même état
« qu'elles étaient lors de la défense qui lui a
« été faite, par acte extrajudiciaire, de con-
« tinuer les constructions ; que la forme de
« procéder, en pareille matière, était indiquée
« au titre premier (1) du Code de procédure
« civile qui s'occupe des actions possessoires,
« et, par suite, de celle en dénonciation de
« nouvel œuvre, qui en a le véritable carac-
« tère.... »

371. C'est donc un point constant et reconnu
par la cour régulatrice que, pour produire
chez nous les effets d'une action possessoire,
la dénonciation de nouvel œuvre doit être formée, non d'après le mode usité chez les Romains (mode d'après lequel elle ne pourrait
pas même être qualifiée d'action judiciaire (2)),
mais d'après le mode prescrit par notre Code
de procédure civile, pour les actions possessoires; ce qui, loin de la dispenser alors des
autres conditions requises pour l'exercice de

____

(1) Titre 4.
(2) Voy. *suprà*, n° 368.

ces sortes d'actions, devient une raison de plus de l'y astreindre.

372. Concluons, en dernière analyse, que l'expression de dénonciation de nouvel œuvre, indiquant aujourd'hui, non une espèce particulière d'action possessoire, mais, tantôt une action possessoire quelconque, et tantôt un simple acte extrajudiciaire; selon qu'elle est ou non revêtue des formalités voulues par notre Code de procédure civile (1); que cette expression, dis-je, est dangereuse; en ce que, plus naturellement, elle rappelle l'idée, non de ce qu'est la dénonciation de nouvel œuvre, mais de ce qu'elle fut : expression, par conséquent, qui devrait être proscrite du langage actuel de la jurisprudence.

____

(1) Liv. 1er, tit. 4.

~~~~~~~~~~~~~~~~~~~~~~~~~~~~~~~~~~~

TITRE TROISIÈME.

Troisième attribution.

373. *Il* (le juge de paix) *connaîtra de même, sans appel, jusqu'à la valeur de cent francs ; et, à charge d'appel, à quelque valeur que la demande puisse monter ;*

1º . . . . (1).

2º . . . . (2).

3º *Des réparations locatives des maisons et fermes* (3).

374. Les réparations locatives, ainsi appelées parce que le locataire en est tenu, s'il n'y a clause contraire, sont celles qui se trouvent

---

(1) Voy. *suprà*, nº 126.

(2) Voy. *suprà*, nº 135.

(3) Voy. *suprà*, nº 120.
~~~~~~~~~~~~~~~~~~~~~~~~~~~~~~~~~~~

désignées de la sorte, soit par la loi, soit par l'usage des lieux (1).

375 De ce que, s'il n'y a clause contraire, le locataire est tenu des réparations locatives; deux conséquences résultent :

La première, que l'obligation qui lui est imposée, et qui consiste à pourvoir aux réparations de ce genre, est une dépendance naturelle du contrat de louage ; puisqu'aucune clause n'est requise pour la lui imposer;

La seconde, que cette même obligation, cependant, n'est pas de l'essence d'un tel contrat; puisque les parties peuvent y déroger à leur gré.

376. Et, pour qu'on saisisse mieux comment, sans tenir à l'essence d'un contrat, une obligation quelconque peut en être une dépendance naturelle; je crois devoir observer ici que, dans toute espèce de contrat, trois choses doivent soigneusement être distinguées, à savoir; les essentielles, les naturelles, et les accidentelles.

377. Les choses *essentielles* sont tellement inhérentes au contrat, qu'on ne saurait, sans

______

(1) Voy. *Cod. civ.*, art. 1754.

le transformer aussitôt en une autre espèce, leur faire subir la moindre altération ; et telle est, pour le louage, la rétribution promise au bailleur (1).

378. Les choses *naturelles*, bien qu'attachées au contrat par la loi, ne le sont pas tellement, qu'elles ne puissent en être détachées pour la volonté des parties (2); et telle est, pour le louage, l'obligation de pourvoir aux réparations locatives (3).

379. Les choses *accidentelles*, enfin, sont entièrement abandonnées par la loi à la libre disposition des parties ; et telle est, pour le louage, l'obligation de pourvoir aux réparations autres que les locatives (4).

---

(1) *Essentialia contractuum vocamus, sine quibus contractus consistere nequit, sed statim transit in aliud genus. e. g. .... Locatio consistere nequit sine mercede, quia si hæc absit, ex locatione fiet commodatum.* Hein. in Instit. Lib. 3, tit. 24. § 899.

(2) *Naturalia contractuum sunt, quæ per leges adesse solent, sed per pacta tamen possunt mutari.* Hein. loc. cit.

(3) *Accidentalia sunt quæ neque adesse jubentur per leges, neque abesse, adeòque soli contrahentium voluntati reliquuntur.* Ibid.

(4) C'est-à-dire aux *grosses réparations*, indistincte-

380. On vient de voir que le locataire, toujours obligé aux réparations locatives, s'il n'en est dispensé par une clause formelle de son bail, peut même être tenu de toutes autres réparations, s'il s'est expressément imposé l'obligation d'y pourvoir.

381. Cette dernière hypothèse nou   nduit naturellement à l'examen de la question que voici : le juge de paix peut-il connaître des réparations autres que les locatives, lorsque le locataire s'y est obligé? Non, sans doute (1).

Vainement, pour l'affirmative, on dirait, que le silence de la loi sur ce point s'explique par la considération toute simple, que, le législateur, n'ayant dû s'occuper que de ce qui arrive le plus fréquemment, sa disposition ici, applicable au cas plus ordinaire qu'il a prévu, doit l'être également au cas plus rare qu'il n'a pas prévu : que surtout elle doit l'être, lorsqu'il y a, comme ici, raison d'analogie; qu'ici, en

----

ment ; et à celles, d'entre les *réparations d'entretien*, que l'on ne peut qualifier de modiques (articles combinés, 605, 606, et 1754 du Cod. civ.).

(1) *Voy.* M. Henrion de Pansey, *Compétence des Juges de paix*, p. 332 et suiv.

effet, la raison d'analogie se manifeste; puisque le locataire se trouve, à l'égard des réparations autres que les locatives, lorsqu'il s'y est formellement obligé, dans la position précisément où il se trouve, à l'égard des réparations purement locatives, lorsqu'il ne s'est explicitement obligé à rien. Telles sont, en effet, les raisons que l'on pourrait faire valoir pour l'affirmative.

Mais, pour la négative, on répondrait toujours, et avec avantage, qu'en matière de compétence, la raison d'analogie n'est jamais recevable; et qu'au surplus, entre l'hypothèse où le locataire est tenu de toute espèce de réparations, et celle où il n'est tenu que des réparations locatives, l'analogie est loin d'être complète; le litige devant être d'une importance beaucoup plus considérable dans un des cas que dans l'autre.

TITRE QUATRIÈME.

Quatrième attribution.

382. *Il* (le juge de paix) *connaîtra de même, sans appel, jusqu'à la valeur de cent francs; et, à charge d'appel, à quelque valeur que la demande puisse monter :*

1° . . . . (1).

2° . . . . (2).

3° . . . .(3).

4° *Des indemnités prétendues, par le fermier ou locataire, pour raison de non-jouissance, lorsque le droit de l'indemnité ne sera pas contesté; et des dégradations alléguées par le propriétaire* (4).

______

(1) Voy. *suprà*, n° 126.

(2) Voy. *suprà*, n° 135.

(3) Voy. *suprà*. n° 373.

(4) Voy. *suprà*, n° 120.

383. Cette quatrième attribution, comme l'on voit, en comprend véritablement deux : l'une en vertu de laquelle le juge de paix est appelé à connaître des indemnités prétendues, par le fermier ou locataire, pour raison de non-jouissance, lorsque le droit de l'indemnité n'est pas contesté ; et l'autre, en vertu de laquelle ce magistrat est appelé à connaître des dégradations alléguées par le propriétaire.

384. Or, entre ces deux attributions, il y a cette différence remarquable ; que, toujours investi de la seconde, le juge de paix n'est investi de la première qu'autant que le droit de l'indemnité n'est pas contesté.

385. Ceci va donner lieu à deux explications ; dont l'une aura pour but d'exposer les motifs sur lesquels repose cette différence ; et l'autre, de préciser les cas auxquels elle doit s'appliquer.

386. Examinons, en premier lieu, pourquoi le juge de paix ne peut connaître des indemnités prétendues par le fermier ou locataire, pour raison de non-jouissance, qu'autant que le droit n'en est pas contesté ; tandis que toujours, au contraire, ce magistrat peut connaître

des dégradations alléguées par le propriétaire. Voici le fondement de cette différence.

387. Le propriétaire qui conteste au fermier ou locataire le droit à une indemnité que, pour raison de non-jouissance, l'un ou l'autre réclame, s'impose la nécessité d'établir que, par l'effet d'une clause spéciale, le réclamant a renoncé à ce droit, que lui confère la loi (1). Le litige, qui s'engage à cette occasion, présente donc dès lors une question d'interprétation de titre ; question souvent très-ardue, et qui, par ce motif, n'aurait pu, sans danger, être abandonnée à la décision d'un seul homme (2).

388. Mais le fermier ou locataire, pour s'affranchir de l'indemnité qui lui est réclamée, à raison des dégradations qu'allègue le propriétaire, exciperait vainement de l'une des clauses de son bail ; aucune ne pouvant le dispenser de réparer le dommage causé, soit par lui-même, soit par les personnes dont il doit répondre, soit par les animaux qu'il a sous sa garde (3). L'unique moyen de défense qu'il

____

(1) Voy. *Cod. civ.*, art. 1719, 1721, 1722, 1724.

(2) Voy. *infrà*, n° 536.

(3) Voy. *Cod. civ.*, art. 1382 à 1385.

puisse proposer consiste à nier que des dégradations aient été commises pendant la durée de son bail. Le litige, qui s'engage à cette occasion, présente donc dès lors une pure question de fait; question très-simple de sa nature, et qu'aucun juge, mieux que le juge de paix, n'est à portée d'éclaircir.

389. Après avoir, en premier lieu, exposé les motifs sur lesquels repose la différence qu'établit le législateur, entre le cas où il est question d'indemnités réclamées par le fermier ou locataire, pour raison de non-jouissance, et celui où il s'agit de dégradations alléguées par le propriétaire, il nous reste à faire, en second lieu, l'application de cette différence : et nous y parviendrons en recherchant, d'une part, dans quelle circonstance on peut dire que le *droit de l'indemnité* est *contesté ;* et, d'autre part, quel est le sens de ces expressions : *dégradations alléguées par le propriétaire.*

390. D'abord, pour qu'on puisse dire que le *droit de l'indemnité* est *contesté,* et qu'en conséquence, le juge de paix doit se déclarer incompétent, il ne suffit certes pas que, vaguement, le propriétaire annonce qu'il conteste; mais il faut encore qu'il déduise, au moins sommaire-

ment, les motifs de sa contestation ; non que le juge de paix ait caractère pour les apprécier, mais parce qu'il ne doit s'abstenir qu'alors seulement qu'il est assuré de leur existence (1).

391. Maintenant, quel est le sens de ces expressions : *dégradations alléguées par le nu-propriétaire ?* En d'autres termes : que doit-on entendre par *dégradations ?* et de quelle espèce de *propriétaire* le législateur veut-il parler ?

392. *Première question.* — Que doit-on en-entendre ici par dégradations ?

Le mot *dégradation* reçoit une acception différente, selon qu'on le considère, ou par rapport aux constructions, ou par rapport aux fonds de terre.

393. Considérées *par rapport aux construc-tions,* les dégradations sont tout ce qui, pouvant être qualifié de rupture ou de lésion quelcon-

____

(1) Voy. *infrà*, n° 536.

Ainsi, et par la même raison, le juge de paix, qui ne peut connaître que possessoirement des servitudes, a caractère pour viser les titres sur lesquels elles se fondent, lorsque l'existence de ces titres est nécessaire pour autoriser l'action possessoire. Voy. *suprà*, n° 311, et *infrà*, n° 523 à 526.

que, en diminue l'utilité, la solidité, la valeur ou l'agrément, quel que soit d'ailleurs le genre de réparations qu'elles nécessitent. Je dis quel que soit ce genre de réparations ; car le texte qui confère au juge de paix la connaissance des *dégradations* alléguées par le propriétaire, ne venant qu'après le texte qui lui confère la connaissance des *réparations locatives*, ne peut recevoir de celui-ci aucune espèce de modification.

394. Considérées *par rapport aux fonds de terre*, les dégradations sont tout ce qui tend à les appauvrir, soit en les surchargeant, soit en les privant des engrais convenables : aussi un arrêt de la Cour de cassation du 20 mars 1820 (1), a-t-il cassé, parmi ces sortes de dégradations, les divertissemens de foins et pailles, ainsi que les ensemencemens de terre sans fumier.

395. *Deuxième question.* — De quelle espèce de propriétaire le législateur veut-il ici parler ?

Le sens du terme de *propriétaire*, employé ici, doit être pris par opposition à celui des termes de *fermier* ou *locataire*, employés dans le membre de phrase qui précède. D'où, avec

---

(1) **Voy.** *infrà,* n° 537.

la Cour de cassation (1), il faut conclure que les dégradations alléguées par le nu-propriétaire, contre l'usufruitier, ne seraient point de la compétence du juge de paix.

___

(1) Voy. *infrà*, n° 538.

TITRE CINQUIÈME.

—

Cinquième attribution.

396. *Il* (le juge de paix) *connaîtra de même, sans appel, jusqu'à la valeur de cent francs ; et, à charge d'appel, à quelque valeur que la demande puisse monter ;*

1° . . . . (1).
2° . . . . (2).
3° . . . . (3).
4° . . . . (4).
5° *Du paiement des salaires des gens de travail, des gages des domestiques, et de l'exécution des engagemens respectifs des maîtres et de leurs domestiques ou gens de travail* (5).

______

(1) Voy. *suprà*, n° 126.
(2) Voy. *suprà*, n° 135.
(3) Voy. *suprà*, n° 373.
(4) Voy. *suprà*, n° 382.
(5) Voy. *suprà*, n° 120.

397. Cette attribution a, comme l'on voit, trois objets bien distincts ; savoir 1° les salaires des gens de travail ; 2° les gages des domestiques ; 3° l'exécution des engagemens respectifs des maîtres et de leurs domestiques ou gens de travail. De là trois paragraphes, dont chacun sera consacré à l'un de ces trois objets.

§ Ier

Salaires des gens de travail.

398. Cette expression, *gens de travail*, s'applique, non pas généralement à toute espèce d'ouvriers, mais seulement aux journaliers, c'est-à-dire, aux ouvriers dont la rétribution se règle à tant par jour ; ce qui exclut les entrepreneurs, c'est-à-dire, les ouvriers dont la rétribution se règle indépendamment du nombre des journées employées (1).

399. Le sens que nous donnons ici à l'expression *gens de travail*, se justifie principalement par les deux considérations suivantes :

La première ; qu'ayant mis, dans une même

----

(1) *Voy.* M. Henrion de Pansey, *Compétence des Juges paix*, chap. 30 , n° 8.

catégorie, et les gens de travail, objet du pré·
sent paragraphe, et les domestiques, objet du
paragraphe suivant le législateur, sous le
terme de *gens de travail*, n'a voulu parler que
des ouvriers dont les travaux ont, avec ceux
des domestiques, le plus d'analogie.

La seconde; que les salaires dus à des ouvriers autres que ceux-là pourraient être d'une
valeur fort considérable, et par conséquent
dépasser de beaucoup les bornes accoutumées
d'une compétence aussi limitée que l'est celle
des juges de paix.

§ II.

Gages des domestiques.

400. On appelle *domestiques* (1) tous ceux
qui font partie d'une maison, et qui, subor-
donnés à la volonté du maître, reçoivent de
lui une rétribution pour prix de leurs services.

401. Il y a deux sortes de domestiques: ceux
dont les fonctions, plus relevées, sont aussi
plus honorables; et ceux dont les fonctions

---

(1) Qui *domi stant.*

plus humbles sont aussi plus dépendantes (1).

402. A la première espèce appartiennent, par exemple, les bibliothécaires, précepteurs, secrétaires. Car la rétribution qu'ils reçoivent, bien qu'étant, par la loi, qualifiée de gages, sont cependant de véritables honoraires : et, parce que la délicatesse, apanage ordinaire d'une éducation plus soignée, communément, règle leurs démarches ; il est rare que, sans de graves motifs, et avant que le besoin de leurs services ait cessé, ils se déterminent à quitter le maître, et celui-ci à les renvoyer ; plus rare encore que les tribunaux aient à retentir des réclamations qui les concernent.

403. Dans la seconde espèce, sont compris les serviteurs domestiques.

Ceux-ci se divisent en serviteurs attachés à la personne ou au ménange, et en serviteurs employés aux travaux de l'agriculture.

404. Les serviteurs attachés à la personne ou au ménage, peuvent être renvoyés sitôt qu'ils ne conviennent plus au maître, et réciproquement quitter le maître, sitôt que celui-

____

(1) *Voy.* M. Poncet, *Compétence des Juges de paix,* chap. 3o, n° 2.

ci ne leur convient plus (1); en sorte que la fixation ordinaire de leurs gages, par une rétribution annuelle, a pour but, non de préciser la durée de leur engagement, mais de servir de base au règlement de leur compte.

405. Il ne saurait en être de même des serviteurs employés aux travaux de l'agriculture. Ces travaux ont leur saison, pour laquelle chacun a le soin de se pourvoir; et, passé une certaine époque, il serait aussi difficile au maître abandonné de trouver un domestique, qu'un domestique renvoyé de trouver un maître. L'équité naturelle ne permet donc pas que, sans de justes motifs, ni ces sortes de domestiques puissent quitter leurs maîtres, ni ceux-ci les renvoyer avant l'expiration du terme convenu.

406. Toutefois, entre le maître qui renvoie son domestique, et le domestique qui abandonne son maître, il y a cette différence; que toujours le domestique, d'après l'obligation formelle qui lui en est imposée par la loi (2), doit déduire ses motifs; tandis que le maître, à

---

(1) *Voy.* M. Henrion de Pansey à l'endroit précité.

(2) Cette loi est le règlement de 1567, rapporté par M. Henrion de Pansey à l'endroit précité.

l'égard duquel la loi, sur ce point, garde le silence, peut, suivant les cas, et si d'ailleurs il offre au juge une garantie morale suffisante, être dispensé d'articuler les siens (1).

407. Relativement au degré de confiance que doivent inspirer au juge les allégations respectives des maîtres et des domestiques, la différence que nous venons de signaler entre eux, est en parfaite harmonie avec la disposition de l'article 1780 du Code civil; disposition applicable à toute espèce de domestiques, et d'après laquelle le maître en est cru, à sa simple affirmation, soit pour la quotité des gages, soit pour le paiement des salaires de l'année échue, soit pour les à-comptes donnés sur l'année courante.

§ III.

Engagemens respectifs des maîtres et de leurs domestiques ou gens de travail.

408. Si les maîtres doivent payer à leurs domestiques ou gens de travail la rétribution promise ; s'ils doivent leur fournir une nourriture convenable, et ne rien exiger d'eux qui soit

______

(1) *Voy.* Pothier, *Traité du Contrat de louage*, n° 175.

contraire aux lois de la morale et de l'humanité ; réciproquement les domestiques ou gens de travail doivent remplir , avec zèle et discrétion, les divers emplois qui leur sont confiés; et tels sont les engagemens respectifs dont le législateur entend parler ici ; non des engagemens qui , bien qu'intervenus entre les maîtres et leurs domestiques ou gens de travail , n'auraient aucun trait à leurs qualités respectives (1).

409. L'attribution, au juge de paix, des engagemens respectifs dont on vient de parler, reçoit exception, en fait d'action pour raison de trafic, intentée , soit par les marchands , contre leurs facteurs, commis , ou serviteurs ; soit par ceux-ci, contre ceux-là; une telle action étant de la compétence exclusive des tribunaux de commerce(2) , ou des tribunaux civils remplissant les fonctions de tribunaux de commerce pour les lieux où il n'y en a point d'établis (3).

---

(1) *Voy*. Henrion de Pansey, chap. 30 précité, n° 5 ; et *infrà* , n° 539.

(2) Voy. *Cod. de com.*, art. 634 1°.

(3) Voy. *ibid.*, art. 640.

TITRE SIXIÈME.

Sixième attribution.

410. *Il* (le juge de paix) *connaîtra de même, sans appel, jusqu'à la valeur de cent francs ; et, à chaque appel, à quelque valeur que la demande puisse monter ;*

1º . . . . (1).

2º . . . . (2).

3º . . . . (3).

4º . . . . (4).

5º . . . . (5).

6º *Des actions pour injures verbales, rixes et voies de fait, pour lesquelles les parties ne*

---

(1) Voy. *suprà*, nº 126.

(2) Voy. *suprà*, nº 135.

(3) Voy. *suprà*, nº 373.

(4) Voy. *suprà*, nº 382.

(5) Voy. *suprà*, nº 396.

se sont point pourvues par la voie crimi-nelle (1).

411. Par *injures verbales*, les seules qui doi-vent nous occuper ici, l'on entend ce que l'on dit, où que l'on écrit dans la vue d'offenser quelqu'un (2); par *rixes*, les querelles enga-gées entre deux ou plusieurs personnes; par *voies de fait*, les coups portés contre quelqu'un hors le cas d'une légitime défense (3).

412. Les *injures*, le plus souvent, engendrent les *rixes*; et celles-ci, presque toujours, donnent lieu à des *voies de fait* plus ou moins répré-hensibles (4).

------

(1) Voy. *suprà*, n°ˢ 4, 120, 326.

(2) *Injuria est quodlibet dictu aut factum ad alterius contumeliam, dolo malo directum... Indè verbalis est quæ per verba contumeliosa infertur; realis, quandò facto quo-dam alterius existimatio læditur,* v. g. *pulsando, verbe-rando.... ad priorem etiam injuria scripta, ad posteriorem verò... contumeliosa pictura refertur.* Hein. *in elementa juris civilis secundùm ordinem institutionum recitationes,* §. 1096 — 1100.

(3) Cette exception repose sur le texte de l'art. 328 du Code pénal.

(4) Pour le cas où le meurtre, les blessures et les coups sont excusables, voy. *Cod. pén.*, art. 321.

413. Les injures verbales, comme toutes autres, empruntent leur gravité des circonstances qui les accompagnent (1). Le juge de paix doit donc user de tous les moyens laissés à sa discrétion pour apprécier ces diverses circonstances; et, à égalité d'injures de part et d'autre, il doit en prononcer la compensation (2).

414. Les rixes qui n'auraient été accompagnées, ni d'injures, ni de voies de fait, seraient assurément très-légères. Le législateur, cependant, n'ayant exigé le concours d'aucune de ces circonstances pour que l'action soit recevable, il en résulte que leur absence ne met aucun obstacle à ce qu'elle soit exercée.

415. Les voies de fait, qui ont occasioné la la mort ou des blessures plus ou moins graves,

---

(1) *Alia fit injuriæ divisio in simplicem et atrocem ; hæc æstimatur ex loco, veluti si cui injuria fiat in theatro, in foro, in conspectu prætoris : ex personâ, veluti si fiat injuria magistratui, senatori à personâ vili, parenti à liberis.* Hein., loc. citat. *Voy.* aussi M. Henrion de Pansey, *Compétence des Juges de paix*, p. 166.

(2) *Coutume de Bretagne*, citée par M. Henrion de Pansey dans sa *Compétence des Juges de paix*, p. 167, 3ᵉ alinéa.

et qui, pour cette raison, doivent, selon les circonstances, être qualifiées de crimes ou de délits (1), sont-elles toutes, relativement aux réparations civiles auxquelles elles peuvent donner lieu, de la compétence du juge de paix? c'est-à-dire, en d'autres termes : le juge de paix peut-il, dans tous les cas, connaître des dommages-intérêts réclamés, pour voies de fait, par la partie qui ne s'est point pourvue à fin criminelle?

416. L'affirmative paraît incontestable. Car si, relativement aux voies de fait, le législateur avait entendu mettre des bornes à l'attribution qu'il a conférée au juge de paix, de même qu'il y en a mis relativement aux injures, par exemple, il s'en serait expliqué dans le premier cas, de même qu'il s'en est expliqué dans le second.

417. Toutefois on peut, contre cette décision, élever plusieurs objections que nous allons successivement présenter et discuter.

418. *Première objection.*—Si, conformément au texte cité en tête du présent titre, le juge

____

(1) Voy. *Cod. pén.*, art. 1, 6, 40, 295 à 304, 309 à 311.

(188)

de paix ne peut connaître à fin civile, des injures verbales, rixes et voies de fait, qu'autant
que les parties ne se sont point pourvues à fin
criminelle; cette condition ne fait-elle pas assez
voir que le législateur ne raisonne ici que dans
l'hypothèse où la partie lésée peut également
se pourvoir, soit à fin civile, soit à fin criminelle? et comme cette alternative ne lui est
accordée que pour les actions dites *de petit
criminel*, c'est-à-dire, ou de police correction-
nelle (1) ou de simple police (2), actions auxquelles donnent lieu respectivement les délits (3) et les contraventions (4); jamais pour
les actions dites *de grand criminel*, actions auxquelles donnent lieu les crimes proprement
dits (5), et, parmi ceux-ci, les voies de fait les
plus graves (6); il en résulte que, relativement

---

(1) Voy. *Cod pén.*, art. 9 et 40; *Cod. d'inst. crim.*, article 179 et 182; *Cod. civ.*, art. 1382 à 1386.

(2) Voy. *Cod. d'inst. crim.* art. 137 et 145; *Cod. civ.*,
art. 1382 à 1386.

(3) *Cod. pén.* art. 1.

(4) Voy. *ibid.*

(5) Voy. *ibid.*, art. 1, 6, 7 et 12 à 39; *Cod. d'inst.
crim.*, art. 217, 231, 242, 261, 271 et 306.

(6) Voy. *Cod. pén.* art. 295. à 304, 309 et 310.

à ces sortes de voies de fait, le juge de paix n'a jamais caractère pour en connaître.

A cette première objection, je réponds que, si, quant au mode de leur poursuite, les actions dites de grand criminel diffèrent des actions dites de petit criminel, il ne faut pas en induire que la partie lésée ne puisse pas se pourvoir dans le premier cas, comme elle le peut dans le second. Car elle le peut incontestablement dans l'un et dans l'autre ; à savoir, par la voie de plainte, qui toujours lui est offerte (1).

419. *Deuxième objection.* —L'article 359 du Code d'intruction criminelle, après avoir tracé la marche que doit suivre, soit l'accusé, pour l'accusé, pour obtenir des dommages-intérêts contre ses dénonciateurs, soit la partie civile, pour en obtenir contre l'accusé ou le condamné, porte que : « A l'égard des tiers qui n'auraient « pas été parties au procès, ils s'adresseront « au tribunal civil. » D'où, par analogie, l'on doit conclure que, faute, par la partie lésée, d'avoir porté plainte du crime qui eût donné lieu à une poursuite de grand criminel, c'est

_____

(1) Voy. *Cod. d'inst. crim.*, art. 63.

au tribunal civil, et non au juge de paix, qu'elles doivent s'adresser, pour obtenir la réparation du dommage.

420. A cette seconde objection, deux réponses.

421. *Première réponse.*— Le texte précité de l'article 359 du Code d'instruction criminelle est attributif de juridiction, et dès lors il doit être pris dans un sens rigoureux. Ce qui ne permet pas de l'appliquer, même par analogie, à une hypothèse autre que celle à laquelle il se rapporte.

422. *Deuxième réponse.* — L'analogie dont on voudrait se prévaloir ne serait pas complète; parce que l'exécution d'un arrêt de cour d'assises, même sous le rapport des conséquences purement civiles qu'il peut entraîner, ne pourrait, sans inconvenance, être confiée à un simple juge de paix ; tandis qu'au sujet d'une action civile, qui n'a été précédée ni suivie d'aucune action criminelle, dont celle-là puisse être considérée comme une dépendance, on n'aperçoit aucune raison suffisante pour intervertir l'ordre de juridiction établi par la loi.

423. *Troisième objection.* — Le juge de paix n'est pas seulement juge civil, il est officier

de police judiciaire (1); et, comme tel, chargé de la recherche des crimes et des délits (2). Or l'action intentée par-devant lui, pour obtenir la réparation civile d'un crime, lui révélant nécessairement l'existence de ce crime, ne pourra manquer de donner lieu à une poursuite criminelle, pendant le cours de laquelle l'action civile devra demeurer suspendue (3); sauf ensuite à être reprise, ou intentée, de la manière voulue par l'article 359 précité, dont jamais, dès-lors, on ne pourra éluder l'application.

424. A cette troisième objection, trois réponses.

425. *Première réponse.* — L'action civile qui résulte d'un crime peut être exercée alors même que l'action criminelle ne l'est plus; à savoir : après le décès du coupable (4).

426. *Deuxième réponse.* — Les indices transmis par le juge de paix, au magistrat

---

(1) Voy. *Cod. d'inst. crim.* art. 9 , et *suprà*, n° 3.

(2) Voy. *ibid.*, art. 8.

(3) Voy. *ibid.*, art. 3, 2e alinéa.

(4) Voy. *ibid.*, art. 2.

chargé de la vindicte publique, peuvent être insuffissans pour motiver une poursuite criminelle.

427. *Troisième réponse.* — L'action criminelle n'a pas toujours pour issue un arrêt d'absolution, ou de condamnation; elle peut, au contraire, rencontrer mille obstacles qui l'arrêtent dans son cours; et comme il n'est pas d'action où l'erreur et la précipitation même seraient aussi funestes que dans celle-ci, il n'en est pas non plus qui soit soumise à une aussi longue suite de décisions, dont chacune peut en paralyser l'effet (1).

428. Peut-être trouvera-t-on mauvais que, pour la classification d'actions civiles et criminelles, mentionnées dans la loi créatrice des juges de paix, je me sois servi d'une nomenclature que le législateur n'a créée que postérieurement.

429. Voici ma raison :

430. Bien que destinée à réédifier, sur un nouveau plan, notre législation criminelle, la nomenclature dont il s'agit n'en a point altéré

---

(1) *Voy. Cod. d'inst. crim., passim.*

les principes fondamentaux ; on en va juger par un aperçu rapide de ce qui se pratiquait à cet égard, soit d'après le droit romain, soit d'après notre ancienne jurisprudence.

431. Tout fait *illicite*, c'est-à-dire réprouvé par la loi, quand il était le fruit d'une détermination libre et réfléchie, prenait, chez les Romains, le nom de *délit*, et obligeait son auteur à la réparation du dommage, en même temps qu'il le rendait passible de la peine portée par la loi (1).

432. Tout délit se divisait en *public* et *privé*, selon qu'il intéressait plus directement, soit la société en général, soit, en particulier, l'un de ses membres (2).

433. La poursuite d'un délit public apparte-

____

(1) *Factum illicitum , sponte admissum , quo quis, et ad restitutionem, si fieri possit, et ad pœnam obligatur. Heineccii in elementa juris civilis secundùm ordinem institutionum recitationes ,* § 1033.

(2) *Delictum quod ad læsionem publicam tendit , publicum vocatur, et propriè dicitur crimen ; quod ad læsionem privatorum directò tendit , privatum nuncupatur, veluti furtum, rapina , damnum injurià datum , et injuria seu contumelia.* Ibid. §. 1035.

nait à tous (1); celle d'un délit privé n'appartenait qu'à la partie lésée (2).

434. A cet état de choses, notre ancienne jurisprudence n'avait apporté d'autre changement, que de conférer exclusivement aux magistrats la poursuite des délits publics; et même, quant à l'application de la peine, la poursuite des délits privés; sans toutefois, pour ceux-ci, interdire aux parties le droit de se pourvoir, soit par voie civile, soit par voie criminelle; mais, dans ce dernier cas, à fin purement civile, c'est-à-dire, sans pouvoir jamais conclure à l'application de la peine (3).

435. Or, cette doctrine en vigueur au moment de la promulgation de la loi, dont fait partie le texte qui nous occupe, est précisément celle que nous avons vue consacrée par les

---

(1) *In publicis judiciis accusat, vel is qui habilis est (non ergò femina, infans, nisi in crimine excepto majestatis), vel ipsa etiam respublica crimina publica persequitur per procuratorem vel advocatum fisci.* Hein., *ibid.*, § 1334 à 1339.

(2) *In privatis judiciis agit is cujus speciatìm interest.* Ibid.

(3) Voy. *le Nouveau Denizart*, au mot *Délit*, § 1, t. VI, p. 148.

lois nouvelles, où nous avons puisé la nomenclature dont nous nous sommes prévalu. Nous
n'avons donc en cela fait qu'une chose légitime;
et notre raisonnement, sous ce rapport, est à
l'abri de toute espèce de critique.

436. Que si cependant l'on voulait, à toute
force, que les lois nouvelles dont nous avons
argumenté, eussent été une modification des
anciens principes, au lieu de n'en être qu'une
application, nous nous retrancherions à dire
que toujours il est nécessaire de les invoquer, sinon comme interprétatives, du moins comme
modificatives du texte dont il s'agit; et que
la conséquence que nous en avons déduite est
également incontestable.

~~~~~~

SECONDE PARTIE.

———

*De la juridiction civile-judiciaire du juge de
paix , considérée par rapport à la prorogation dont elle est ou non susceptible.*

437. La *prorogation* de la juridiction civile-
judiciaire du juge de paix est l'extension, en certains cas, des pouvoirs de ce magistrat, par la
création d'une juridiction nouvelle, qui, mo-
mentanément ajoutée à l'ancienne, doit prendre
fin avec la contestation qui y a donné lieu.

Et, parce qu'en fait de juridiction, objet
essentiellement d'ordre public, à la loi seule
appartient le droit de créer, il en résulte qu'à
elle seule appartient aussi le droit de proroger.

438. Considérée par rapport à la prorogation
de juridiction, la loi sanctionne, tantôt les engagemens explicites résultant d'un contrat, et
tantôt les engagemens implicites résultant d'un
~~~~~~

quasi-contrat. Et de là deux sortes de prorogation, auxquelles nous attacherons les qualifications respectives de *contractuelle* et de *quasi-contractuelle* (1).

439. D'un autre côté, la juridiction, dont la prorogation est un mode, peut, en général, être envisagée sous divers rapports ; à savoir, ceux : du territoire, de la matière, du degré, du domicile, de la situation, et de la valeur. La prorogation peut donc elle-même, en général, être envisagée sous chacun de ces rapports.

440. Et les deux sortes de prorogation que nous avons signalées, venant à se combiner avec les divers rapports sous lesquels nous venons de dire qu'en général peut être envisagée la prorogation, de cette combinaison l'on voit sortir :

En premier lieu, la division de notre seconde partie en trois chapitres, dont l'un fera

---

(1) Ces deux sortes de prorogation reçoivent, dans l'usage, les qualifications respectives de *volontaire* et de *légale*. Je n'ai pas cru devoir les leur conserver ici ; parce qu'à certains égards, ainsi qu'il est facile de s'en convaincre, chacune de ces deux qualifications convient également à chacune de ces deux sortes de prorogation.

connaître ce qui regarde la prorogation en général ; en d'autres termes, ce que, relativement à la prorogation, l'on doit entendre par territoire, matière, degré, domicile, estimation, valeur ; un autre, ce qui regarde la prorogation contractuelle ; un autre enfin, ce qui regarde la prorogation quasi-contractuelle.

Et, en second lieu, la subdivision de chacun de ces trois chapitres en autant de paragraphes que nous avons signalé de rapports sous lesquels peut être envisagée la prorogation.

CHAPITRE PREMIER.

De la prorogation en général, ou ce que, relativement à la prorogation, l'on doit entendre par territoire, matière, degré, domicile, situation, valeur.

§ Ier.

Territoire.

441. Le *territoire* d'un juge est le *terrain* sur lequel ce juge a caractère pour exercer sa juridiction (1).

---

(1) *Territorium est universitas agrorum intra fines cujusque civitatis....* L. 209, ff. *de verborum significatione.*

442. D'anciens jurisconsultes font dériver ce mot *territoire* du latin *terrere*, imprimer la crainte, inspirer le respect ; le magistrat du lieu ayant droit d'y faire craindre et respecter ses décisions (1).

443. Le territoire d'un juge prend aussi le nom de *ressort* ; tout juge, en effet, par-là même qu'il est sur son territoire, étant aussi dans son ressort ; et réciproquement. Néanmoins, entre le terme de *ressort*, et celui de *territoire*, on peut remarquer la même différence qu'ailleurs nous avons observée entre le terme de *juridiction* et celui de *compétence* (2) ; le terme de *ressort* rappelant davantage l'idée de pouvoir considéré en soi ; et celui de *territoire*, l'idée de pouvoir considéré par rapport au lieu où il s'exerce.

444. Le territoire ou ressort, en tant qu'affecté à la juridiction du juge de paix, se nomme *canton*.

---

(1) *Territorium.... quod ab eo dictum, quidam aiunt quòd magistratus ejus loci intra fines terrendi, id est, submovendi, jus habet,* L. 129, § 8, *ibid.*

(2) Voy. *infrà*, n° 3.

§ II.

Matière.

445. La matière de la juridiction d'un juge, est le genre d'attributions que lui a confié la loi.

446. Ainsi : les actions purement personnelles et mobilières (1); les actions auxquelles donnent lieu les dommages faits, soit par les hommes, soit par les animaux, aux champs, fruits et récoltes (2); les actions possessoires (3); les actions pour réparations locatives des maisons et fermes (4); pour indemnités prétendues par le fermier ou locataire, à raison de non-jouissance, lorsque le droit de l'indemnité n'est pas contesté (5); pour dégradations alléguées par le propriétaire (6); pour salaire des gens de travail (7); pour gages des domestiques (8); pour

---

(1) Voy. *suprà*, n° 10 à 119.

(2) Voy. *suprà*, n° 120, 126 à 134.

(3) Voy. *suprà*, n° 120, 135 à 372.

(4) Voy. *suprà*, n° 120, 373 à 381.

(5) Voy. *suprà*, n° 120, 382 à 388.

(6) Voy. *suprà*, n° 120, 382 à 395.

(7) Voy. *suprà*, n° 120, 396 à 399.

(8) Voy. *suprà*, n° 120, 396, 397, 400 à 407.

l'exécution des engagemens respectifs des maîtres et de leurs domestiques ou gens de travail (1); enfin pour injures verbales (2), rixes (3), et voies de fait (4), au sujet desquelles les parties ne se seraient pas pourvues par la voie criminelle : toutes ces actions, comportant la série complète des attributions civiles - judiciaires des juges de paix, forment, exclusivement à toutes autres, la *matière* de la juridiction civile-judiciaire de ce magistrat.

§ III.

Degré.

447. Le juge de paix n'est point appelé à connaître, avec une égale étendue de pouvoirs, de toutes les causes comprises dans le cercle de sa juridiction civile-contentieuse; car, ainsi que nous l'avons vu (5), tantôt il en connaît, à charge d'appel, et tantôt sans appel.

---

(1) Voy. *suprà*, n° 120, 396, 397, 408, 409.

(2) Voy. *suprà*, n° 120, 410 à 413.

(3) Voy. *suprà*, n° 120, 410 à 412, 414.

(4) Voy. *suprà*, n° 120, 410 à 412, 415 à 436.

(5) Voy. *suprà*, n° 10, 21, 120, 123.

448. Lorsqu'il en connaît à charge d'appel, c'est-à-dire, sauf recours par-devant l'autorité supérieure; sa décision est dite au *premier degré*; pour faire entendre qu'un degré supérieur de juridiction est offert à la partie condamnée qui croirait avoir à se plaindre de la décision du juge de paix.

449. Lorsqu'il en connaît sans appel, c'est-à-dire, sans recours par-devant l'autorité supérieure, sa décision est dite *souveraine* ou *au premier et second degré*, ou enfin *en premier et dernier ressort* : par ou l'on voit que le mot *ressort*, qui parfois, comme on l'a vu (1), est pris pour *territoire*, parfois aussi l'est pour *degré*; et que la réunion des deux degrés ou ressorts caractérise une décision inattaquable, à l'instar de celle qui serait émanée du *souverain*, source de tout pouvoir.

§ IV.

Domicile.

450. Par le terme de *domicile*, on entend, non pas seulement une simple résidence ou

---

(1) Voy. *suprà*, n° 443, 444.

habitation de fait, mais le lieu où l'homme a fixé, soit le siége administratif de sa fortune, soit l'établissement de ses affaires (1); le lieu où il est entouré des objets de ses affections les plus chères; celui dont il s'écarte rarement, que jamais il ne quitte sans espoir de retour; celui enfin où tendent tous ses vœux sitôt qu'il en est éloigné, et où toujours il revient avec un nouveau plaisir (2).

§ V.

Situation.

451. Dans l'usage, le terme de *situation* a deux acceptions très-distinctes : l'une, qui en constitue le sens propre, et ne s'applique qu'aux choses; l'autre, qui en constitue le sens figuré, et ne s'applique qu'aux personnes.

---

(1) Voy. *Cod. civ.*, art. 102.

(2) ... *In eodem loco singulos habere domicilium , non ambigitur , ubi quis larem, rerumque ac fortunarum suarum summam constituit, undè (rursùs) non sit discessurus, si nihil avocet : undè cùm profectus est, peregrinari videtur : quòd si rediit, peregrinari jam destitit...* L. 7, c. *de incolis, et ubi quis domicilium habere videtur, et de his qui studiorum causá in alienâ civitate degunt.*

452. En jurisprudence, ce même terme n'est susceptible que de la première de ces deux acceptions : encore ne s'applique-t-il pas alors indistinctement à toute espèce de choses, mais à celles-là seulement qui, soit d'après leur essence, soit par suite d'un accident, ne sont pas susceptibles d'être déplacées (1).

§ VI.

Valeur.

453. Le terme de *valeur*, dans le langage ordinaire, s'applique à toute espèce de choses, et signifie la règle du prix qu'il convient d'y attacher.

454. En fait de juridiction en général, et de prorogation en particulier, ce terme s'applique exclusivement aux actions, et signifie le prix même qui leur est inhérent ou assigné (2).

455. La valeur d'une action se nomme aussi sa *quotité*.

456. De la valeur ou quotité des actions

---

(1) Voy. *suprà*, n° 226 à 236.

(2) Voy. *suprà*, n° 92 à 97.

portées devant le juge de paix dépend, ainsi qu'on l'a vu (1), la solution de ces deux questions :

1re Le juge de paix est-il, ou non, compétent pour en connaître ?

2e Supposé qu'il le soit, l'est-il au premier degré de juridiction seulement, ou bien en premier et dernier ressort tout ensemble ?

457. Bien que chacun des termes de *valeur* et de *quotité* se rapporte également à chacune de ces deux idées bien distinctes ; l'une relative à l'existence ou à la non - existence ; l'autre, au mode d'existence de la juridiction : toutefois ces deux termes ont été plus spécialement affectés à la première de ces deux idées ; et celui de *degré* à la seconde. Et de là, pour nous, la nécessité des deux paragraphes, savoir : le troisième, et celui-ci, l'un relatif au degré, l'autre à la valeur ; au lieu d'un seul, uniquement relatif à la valeur ou quotité.

____

(1) Voy. *suprà*, n° 10, 21, 120, 123.

~~~~~~

CHAPITRE II.

De la prorogation contractuelle.

§ Ier

Territoire.

458. Sous le rapport du *territoire*, la juridiction civile-judiciaire du juge de paix peut-elle être contractuellement prorogée?

La circonscription du territoire assigné à chaque juge de paix, pour l'exercice de ses fonctions, ayant été tracée par la loi, dans la vue d'intérêt public, d'empêcher une rivalité aussi préjudiciable à l'impartialité des jugemens qu'à l'expédition des affaires, sous aucun prétexte, il ne peut être permis aux parties d'y déroger par leurs conventions (1) : en d'autres termes : la prorogation contractuelle, par rapport au territoire, ne peut jamais avoir lieu (2).

____

(1) *Jus publicum privatorum pactis mutari non potest.* L. 28, ff. *de pactis.* (**Voy.** *Cod. civ.*, art. 6.)

(2) *Extra territorium jus dicenti impunè non paretur...* L. 20 , ff. *de juridictione.*
~~~~~~

§ II.

Matière.

459. Sous le rapport de la *matière*, la juri-diction civile-judiciaire du juge de paix peut-elle être contractuellement prorogée ?

Pas plus que sous le rapport du territoire. La matière, en effet, comprise dans le cercle des attributions du juge de paix, étant pour lui une sorte de territoire intellectuel, mesuré sur les connaissances que la loi suppose à un pareil magistrat, il ne serait pas moins dangereux, dans l'exercice de ses fonctions, qu'il pût dépasser les bornes de ce territoire intellectuel, que celles de son canton.

460. A la force du raisonnement je puis joindre ici l'autorité des jurisconsultes dont M. Henrion de Pansey s'est rendu l'interprète, lorsqu'il s'est ainsi exprimé (1) : « Que la ju-« ridiction concentrée dans un genre d'affaires, « ne puisse pas être prorogée, cela ne me pa-« raît susceptible d'aucune difficulté : tous ceux « qui ont écrit sur cette matière professent « unanimement qu'il n'y a pas de prorogation « *de re ad rem....* »

§ III.

Degré.

461. Sous le rapport du *degré*, la juridiction civile-judiciaire du juge de paix peut-elle être contractuellement prorogée ?

Bien que le juge de paix soit un homme de choix, entouré de la confiance du gouvernement et du respect de ses justiciables ; cependant, comme il est toujours homme, c'est-à-dire sujet aux erreurs et aux faiblesses de l'humanité, la loi a dû mettre des bornes à la confiance qu'elle lui accorde. Aussi avons - nous vu (1) qu'entre les décisions de ce magistrat, celles - là sont appelables, qui interviennent au sujet de demandes excédant cinquante francs.

Or, les décisions de cette dernière espèce peuvent intervenir au sujet de demandes inférieures ou supérieures à cent francs (2).

Dans la première, comme dans la seconde

(1) Voy. *suprà*, n° 10, 21 , 120, 123.

(2) Inférieures à cent francs , s'il s'agit d'attributions de la première classe (Voy. *suprà*, n°s 7 et 14) ; inférieures ou supérieures à cent francs , s'il s'agit d'attributions de la seconde. (Voy. *suprà* ; n°s 120 , 123.)

de ces deux hypothèses (1), et si le juge a été
compétemment saisi, la voie d'appel étant,
de son essence, une pure faveur, ouverte à
la partie condamnée, celui qui peut user de
cette voie après le jugement, peut aussi ne pas
en user (2) : et, s'il peut ne pas en user après
le jugement, pourquoi ne pourrait-il pas y
renoncer avant? pourquoi, en d'autres termes,
par l'effet d'une convention spéciale, les parties ne pourraient-elles, sur le rapport du degré, proroger la juridiction civile contentieuse
du juge de paix? Assurément, il serait difficile
de justifier la négative; tandisque l'affirmative,
au contraire, outre qu'elle découle naturellement, comme on vient de le voir, des principes de la matière, se trouve encore appuyée
sur le texte formel de l'article 7 du Code de
procédure civile, ainsi conçu : « Les parties
« pourront toujours se présenter volontaire-
« ment devant un *juge de paix* ; auquel cas

______

(1) Voy. *suprà*, n° 123.

(2)... *Cùm alia sit regula juris antiqui, omnes licentiam
habere, his, quæ pro se introducta sunt, renunciare...*
L. 29, c. *de pactis.*

14

« il *jugera leur différent*, *soit en dernier ressort,*
« si la loi ou *les parties l'y autorisent, soit...* »

462. Argumentant de l'article que je viens
de transcrire, pourrait-on prétendre qu'en
matière purement personnelle et mobilière, le
juge de paix peut être autorisé, par les parties,
à les juger en dernier ressort, même au-dessus
de cent francs?

L'affirmative paraît plausible d'après le texte,
même de l'article cité, qui ne distingue pas.

Mais la négative s'appuie sur deux considérations également péremptoires.

La première, qu'ainsi qu'on le verra plus
tard (1), le juge de paix ne peut recevoir, des
parties, la mission de les juger, même au premier degré de juridiction seulement, au delà du
taux auquel la loi a limité ses pouvoirs (2).

La seconde, qu'on ne saurait lui permettre
de recevoir des parties une telle mission, sans
lui permettre aussi, ce qui serait évidemment
contre toutes les règles (3), de s'immiscer, au

---

(1) Voy. *infrà* , n°s 467 à 472.

(2) Voy. *infrà*, n° 540.

(3) Voy. *suprà*, n° 437.

moyen du consentement des parties, dans la connaissance d'actions que, sous aucun aspect, la loi ne lui a pas déférées.

§ IV.

Domicile.

463. Sous le rapport du domicile, la juridiction civile-judiciaire du juge de paix peut elle être contractuellement prorogée ?

Les mêmes raisons qui, sous le rapport du degré (1), militent en faveur de la prorogation contractuelle, militent aussi en sa faveur sous celui du domicile.

Et en effet, la disposition de l'article 2 du Code de procédure civile, qui, en matière purement personnelle et mobilière, veut que la citation soit donnée devant le juge du défendeur, ou, si celui-ci n'a pas de domicile, devant le juge de sa résidence; cette disposition, disons-nous, est portée dans l'intérêt unique du défendeur ; tout aussi évidemment que l'est, dans l'intérêt unique de la partie condamnée, la disposition des articles 9 et 10 de la loi du

---

(1) Voy. *suprà*, n° 461.

24 août 1790, qui, au-dessus de cent francs, permet de tenter un second degré de juridiction.

464. Aussi, l'article 7 du Code de procédure civile, qui, sous le rapport du degré, permet la prorogation contractuelle de la juridiction civile - judiciaire du juge de paix, la permet-il également, sous celui du domicile. Cet article est ainsi conçu : « Les parties peuvent toujours « se présenter volontairement devant un *juge* « *de paix* ; auquel cas *il jugera* leur *différend*... « *encore qu'il ne fût le juge naturel des par-* « *ties , ni à raison du domicile du défendeur,* « *ni...* »

§ V.

Situation.

465. Sous le rapport de la situation, la juridiction civile-judiciaire du juge de paix peut-elle être contractuellement prorogée ?

Les mêmes raisons qui, sous le rapport, soit du degré (1), soit du domicile (2), militent en faveur de la prorogation contractuelle, mi-

---

(1) Voy. *suprà* , n° 461.
(2) Voy. *suprà* , n° 463.

litent aussi en sa faveur sous celui de la situation.

Et en effet, la disposition de l'article 3 du Code de procédure civile, qui, pour les actions y mentionnées, veut que la citation soit donnée devant le juge de la situation de l'objet litigieux ; cette disposition, disons-nous, est portée dans l'intérêt commun des parties ; tout aussi évidemment que l'est, dans l'intérêt unique de la partie condamnée, la disposition consignée dans les articles 9 et 10, tit. 3 de la loi du 24 août 1790, disposition qui, au-dessus de cent francs, lui permet de tenter un second degré de juridiction ; et tout aussi évidemment encore que l'est, dans l'intérêt unique du défendeur, la disposition de l'article 2 du Code de procédure civile, qui, en matière purement personnelle et mobilière, veut qu'il ne puisse être valablement cité que devant le juge de son domicile.

466. Aussi, l'article 7 du Code de procédure civile, qui, sous le rapport, soit du degré (1), soit du domicile (2), permet la prorogation

____

(1) Voy. *suprà*, n° 461.
(2) Voy. *suprà*, n° 463.

contractuelle de la juridiction civile - judiciaire du juge de paix , la permet-il également sous celui du domicile. Cet article est ainsi conçu :

« Les parties pourront toujours se pré-
« senter volontairement devant un *juge de*
« *paix ;* auquel cas, *il jugera* leur *différent...,*
« *encore qu'il ne fût le juge naturel des par-*
« *ties , ni..., ni à raison de la situation de l'objet*
« *litigieux.* »

§ VI.

Valeur.

467. Sous le rapport de la valeur, la juridiction civile-judiciaire de juge paix peut-elle être contractuellement prorogée ?

Nous avons vu que, toujours susceptible de prorogation contractuelle sous le triple rapport du degré (1) , du domicile (2), et de la situation (3) , la juridiction civile-judiciaire du juge de paix ne l'est jamais sous le double

----

(1) Voy. *suprà* , n° 461.

(2) Voyez *suprà* , n° 463.

(3) Voy. *suprà* , n° 465.

rapport du territoire (1) et de la matière (2): et cela, ainsi que nous l'avons dit; parce que, toujours maîtresse de renoncer à une faveur qui leur est personnelle, les parties jamais ne peuvent conférer au juge de paix un pouvoir que la loi lui refuse.

Appliquant ce double motif à la question qui nous occupe, elle se réduit à savoir si le texte qui, sous le rapport de la valeur, limite la juridiction civile - judiciaire du juge de paix (3), est pour les parties une pure faveur, à laquelle, par conséquent, toujours il leur soit permis de renoncer; ou si ce texte, au contraire, est pour les parties une obligation rigoureuse, à laquelle, par conséquent, jamais il ne leur soit permis de se soustraire.

Si ce texte est, pour les parties, une pure faveur, il ne constitue dès lors qu'une incompétence purement relative, et laisse par conséquent subsister le principe de la compétence

---

(1) Voy. *suprà*, n° 458.

(2) Voy. *suprà*, n° 459.

(3) *Voy.* les art. 9 et 10, tit. 3, loi du 24 août 1790, rapportés aux n°s 10 et 120, *suprà*.

qui fait la base indispensable de toute prorogation.

Si ce texte est, pour les parties, une obligation rigoureuse, il constitue une incompétence absolue, et ne laisse par conséquent subsister aucun principe de compétence, qui puisse faire la base d'une prorogation quelconque (1).

Entre ces deux hypothèses, le choix peut-il être douteux ? Je ne le pense pas. Quels regards, en effet, assez pénétrans pour découvrir ce principe de compétence dans un texte qui, au-dessus de cent francs, et à l'égard de tout justiciable, refuse au juge de paix tout pouvoir de juger, même au premier degré seulement ?

Sous le rapport de la valeur, la juridiction civile-judiciaire du juge de paix n'est donc pas contractuellement prorogeable.

468. A cette décision l'on oppose les lois 28 ff. *ad municipalem*, et 74, § 1er, ff. *de judiciis* (2).

---

(1) Voy. *infrà*, n° 541.

(2) Voy. *Répertoire de Jurisprudence*, au mot *Hypothèque,* sect. 2, § 2, art. 4.

La première loi, s'occupant des juges municipaux, qui (comme nos juges de paix) n'étaient institués que pour connaître des actions dont l'objet ne s'élevait pas au-dessus d'une mince valeur, décide que ces juges peuvent connaître, entre les parties qui y consentent, des actions ayant pour objet des valeurs plus fortes (1).

La seconde loi étend cette décision à tous les juges dont les attributions sont bornées aux affaires d'une certaine valeur (2).

469. Telles sont les deux lois sur la foi desquelles le savant auteur de la compétence n'a pas hésité à émettre l'opinion, diamétralement contraire à celle que nous venons d'émettre nous-même, et à soutenir que, sous le rapport de la valeur, la juridiction civile-contentieuse du juge de paix peut être contractuellement prorogée :

---

(1) *Inter convenientes, et de re majori, apud magistatus municipales agetur.*

(2) *Judex, qui ad certam causam judicare jussus est, etiam de re majori judicare potest, si inter litigatores conveniat.*

« Lorsqu'un juge (dit cet auteur) (1) est cir-
« conscrit dans un certain genre d'affaires, tou-
« tes les autres lui sont absolument étrangères ;
« les lui soumettre, ce ne serait pas étendre sa
« juridiction, ce serait bien réellement en créer
« une, et la lui conférer.

« Au contraire, lorsque le tribunal a droit de
« connaître, *usque ad certam summam*, et
« que l'on porte devant lui une demande à
« fin de paiement d'une somme double ou qua-
« druple, déjà investi du droit de juger jusqu'à
« concurrence du quart ou de la moitié de la
« somme demandée, il a, par le titre de son
« office, le germe, le principe de l'autorité qui
« lui est nécessaire afin de statuer sur le tout.
« Pour le rendre habile à prononcer légale-
« ment, il n'est donc pas nécessaire, comme
« dans le cas où il s'agit de proroger *de re ad*
« *rem*, de lui conférer une juridiction nou-
« velle ; il suffit de développer un germe préexis-
« tant. Enfin, il suffit d'étendre une juridiction
« légalement constituée ; et il est tout simple
« que la loi se prête plus facilement à l'exten-

______

(1) Voy. *Compétence des Juges de paix*, p. 54, dernier
alinéa.

« sion d'un pouvoir qui est son ouvrage, qu'à
« la création d'une autorité à laquelle elle serait
« absolument étrangère. »

470. Assurément les deux lois précitées, qui
permettent la prorogation contractuelle sous
le rapport de la valeur, sont ici admirablement
conciliées avec les principes qui la repoussent
sous celui de la matière. Mais ôtez ces deux
lois, et voyez ce que devient la conciliation ?
Le système si ingénieusement développé n'a
plus de base; et nous en apporterons pour
preuve les propres expressions de M. Henrion
de Pansey, quelques lignes plus haut (1).

« On peut dire que cette grande maxime,
« *A la loi seule appartient de conférer l'autorité*
« *publique*, est tellement générale, qu'il est
« indifférent, pour son application, que le juge
« soit délégué pour juger *usque ad certam sum-*
« *mam*, ou bien, *certum genus causarum.* »

Si toute distinction, à cet égard, est proscrite
en principe, il n'a donc rien moins fallu que des
textes formels pour fondre, dans la législation
romaine, l'exception qu'ailleurs, ainsi qu'on
vient de le voir, M. Henrion de Pansey pro-

___

(1) Voy. *Compétence des Juges de paix*, p. 54, 3ᵉ alin.

pose d'accueillir encore aujourd'hui. Or, ces textes, loin d'avoir été reproduits par notre Code de procédure civile, ou nous trouvons tracées les règles relatives à laprorogation, ont expressément été bannis de notre législation actuelle, par l'article 1041 de ce même Code. Il nous est donc impossible de nous ranger à l'avis du savant auteur de la Compétence des juges de paix.

471. Écoutons, à ce sujet, M. Thuriot, portant la parole au nom du procureur-général près la cour régulatrice:«... Les juges, comme « tous fonctionnaires publics, n'ont de pouvoir « que par attribution expresse de la loi : la « volonté des parties peut bien être un motif « pour que le législateur consente à la proro- « gation, au cas où cette volonté est manifeste « et concordante (1); mais encore faut-il que le « législateur se soit expliqué sur ce point. Or, « nos lois nouvelles, dont le système est un, « et doit être conservé sans alliage, ont ex- « pressément autorisé la prorogation relative-

____

(1) On ne peut signaler plus clairement l'espèce de pro-rogation que nous avons qualifiée de *contractuelle*. (Voy. *suprà* , n° 438.)

« ment aux personnes(1), elles ont aussi autorisé
« la prorogation sur la valeur du litige, en ce
« sens que la volonté des parties peut faire que
« le juge prononce en dernier ressort sur un
« litige dont, selon les règles ordinaires, il ne
« peut connaître qu'à charge de l'appel (2). Mais
« nos lois nouvelles n'ont pas expressément
« autorisé la prorogation relative à la valeur
« du litige (3), en ce sens que le juge puisse
« être autorisé, par le consentement des parties,
« à connaître d'un litige dont la valeur excède
« sa compétence ordinaire. Sans doute, pour
« proroger en ce cas, il y a de fortes raisons
« d'analogie; peut - être même le silence du
« législateur est-il une omission plutôt que la
« preuve d'une intention contraire : mais le
« pouvoir des juges, et en général des fonc-
« tionnaires publics, ne s'établit, ni par ana-
« logie, ni par présomption (4). »

---

(1) C'est-à-dire, par rapport au domicile. (Voy. *suprà*,
n° 463), ou par rapport à la situation. (Voy. *suprà*,
n° 465.

(2) C'est la prorogation contractuelle considérée par
rapport au degré. (Voy. *suprà*, n° 461).

(3) Celle dont il est question au présent paragraphe.

(4) Voy. *Répertoire de jurisprudence*, au mot *Proroga-*

472. Persistera-t-on à soutenir que des causes, qui ne deviennent étrangères au juge de paix qu'à raison de leur valeur portée au-delà d'une certaine quotité, ne sauraient le lui être autant que ne le sont celles dont jamais il ne peut connaître, quelque modique qu'en soit la valeur?

Mais, de bonne foi, qu'importe que les causes qui lui sont étrangères à raison de leur valeur le lui soient moins que telles ou telles autres? et ne suffit-il pas qu'elles lui soient étrangères, pour que les parties ne puissent, entre ses mains, proroger un pouvoir qu'il n'a pas (1)?

CHAPITRE III.

De la prorogation quasi-contractuelle.

§ Ier.

Territoire.

473. Sous le rapport du territoire, la juri-

---

tion de juridiction, 4e édit., p. 264, 2e colonne, 5e alinéa.

(1) Voy. *infrà*, n° 542.

diction civile-judiciaire du juge de paix peut-elle être quasi-contractuellement prorogée ?

Pas plus qu'elle ne peut l'être contractuellement sous ce même rapport (1). Car ce que les parties ne peuvent faire directement, elles ne le peuvent non plus par des voies détournées.

474. Hors de son canton, le juge de paix n'est plus juge, c'est un simple particulier (2). Tous les actes de juridiction qui, dans cette circonstance, émaneraient de lui, seraient donc radicalement nuls (3).

§ II.

Matière.

475. Sous le rapport de la matière, la juridiction civile-judiciaire du juge de paix peut-elle être quasi-contractuellement prorogée ?

Pas plus qu'elle ne peut l'être contractuelle-

---

(1) Voy. *suprà*, n° 458.

(2) *Præses (provinciæ) in suæ provinciæ homines tantùm imperium habet : et hoc dùm in provinciâ est : nam si excesserit, privatus est....* L. 3 , ff. *de officio præsidis.*

(3) Voy. *infrà*, n° 543.

ment sous ce même rapport (1). Et le motif apporté au paragraphe précédent pour établir qu'elle ne peut l'être d'aucune de ces deux manières, sous le rapport du territoire, est applicable sous celui de la matière ; d'après la connexion intime que nous avons remarquée (2) entre les principes relatifs à la juridiction territoriale, et ceux relatifs à la juridiction matérielle.

476. Vainement, pour soutenir que, sous le rapport de la matière, la juridiction civile-judiciaire du juge de paix peut être quasi-contractuellement prorogée, on chercherait une raison d'analogie dans un arrêt de cassation (3), qui décide qu'un tribunal civil d'arrondissement peut connaître d'une action de la compétence du juge de paix, lorsque cette action se trouve connexe à une autre dont ce tribunal aurait été compétemment saisi.

Car, sous le rapport de la matière, nulle comparaison à établir entre un tribunal ordinaire, tel qu'est le tribunal civil d'arrondisse-

---

(1) Voy. *suprà*, n° 459.

(2) Voy. *ibid.*

(3) Voy. *infrà*, n° 544.

ment, et un tribunal d'attribution, tel qu'est celui du juge de paix ; attendu que la juridiction de celui-ci n'est qu'une exception apportée à la juridiction de celui-là ; et qu'une exception, jamais, ne peut s'étendre d'un cas à un autre.

§ III.

Degré.

477. Sous le rapport du degré, la juridiction civile-judiciaire du juge de paix peut-elle être quasi-contractuellement prorogée ?

478. Fixons les idées par une hypothèse.

Assigné devant le juge de paix de mon domicile, afin de paiement d'une somme de trente francs, pour argent prêté, je demande réconventionnellement à mon adversaire pareille somme de trente francs, pour marchandises livrées.

Le juge de paix, ainsi qu'on l'a vu précédemment (1), peut et doit prononcer, par un seul et même jugement, sur l'une et sur l'autre de ces deux demandes ; et parce que, réunies,

______

(1) Telle est, en effet, la conséquence nécessaire et implicite des n°s 10, 21, 105, 106, 111 à 114, *suprà.*

elles n'excèdent pas cent francs (1), et parce que, bien qu'étrangères l'une à l'autre, elles font néanmoins partie d'un seul et même procès (2).

Mais le juge de paix prononcera-t-il au premier degré seulement, ou bien en premier et dernier ressort tout ensemble ? en d'autres termes, la prorogation qui fait l'objet du présent paragraphe peut-elle avoir lieu ?

479. Si l'on s'en tient à la règle, ailleurs indiquée (3), règle qui veut que la valeur de la demande réconventionnelle figure dans le calcul de la valeur du litige, il faudra, pour se conformer à une autre règle, qu'ailleurs aussi nous avons indiquée (4), et d'après laquelle le juge de paix ne peut jamais prononcer, sans appel, au-dessus de cinquante francs, il faudra, disons-nous, décider que, dans le cas particulier qui nous occupe, le juge de paix ne pourrait prononcer qu'au premier degré seulement; et qu'en conséquence, la juridiction civile-

---

(1) Voy. *suprà*, n°s 10 , 21.
(2) Voy. *suprà*, n° 105, 106, 111 à 114.
(3) Voy. *ibid.*
(4) Voy. *suprà*, n° 123.

judiciaire de ce magistrat ne saurait être quasi-contractuellement prorogée.

480. Cependant M. Henrion de Pansey est d'un avis contraire : et les raisons qu'il en apporte se réfèrent aux cinq objections que nous allons successivement présenter et discuter.

481. *Première objection.* — La prorogation quasi-contractuelle doit suivre les règles de la prorogation contractuelle ; puisque l'une comme l'autre est fondée sur la volonté des parties : *conventio et reconventio pari passu ambulant* (1). Or, on sait que, sous le rapport du degré, la prorogation contractuelle ne souffre aucun doute (2).

Réponse. — Je nie que la prorogation quasi-contractuelle doive toujours suivre les règles de la prorogation contractuelle.

Nous verrons, en effet, au sixième paragraphe du présent chapitre (3), que, sous le rapport de la valeur, la prorogation quasi-contractuelle peut toujours avoir lieu ; tandis qu'au

---

(1) Voy. *Compétence des Juges de paix*, p. 61, l. 5e et 6e.

(2) Voy. *suprà*, nos 461.

(3) Voy. *infrà*, n° 495 à 500.

sixième paragraphe du chapitre précédent (1) nous avons vu que, sous ce même rapport, la prorogation contractuelle ne le peut jamais.

482. *Deuxième objection.* — La demande réconventionnelle devant être jugée par le juge déjà saisi de la demande originaire, et simultanément avec cette même demande (2), doit être jugée par lui de la même manière; c'est-à-dire au premier degré, s'il·était saisi de la demande originaire au premier degré; et en dernier ressort, s'il en était saisi en dernier ressort (3).

Réponse. — De ce que le juge de paix, compétemment saisi de la demande originaire, doit connaître aussi de la demande réconventionnelle qui y est opposée; s'ensuit-il qu'il doive connaître de l'un et de l'autre de ces demandes, de la même manière que s'il ne fût demeuré saisi que de la première? Où donc est la nécessité d'une pareille conséquence? Le

____

(1) Voy. *suprà*, n° 467 à 472.

(2) Voy. *suprà*, n°s 105, 106, 111 à 114, et l'hypothèse présentée en tête du second paragraphe.

(3) Voy. *Compétence des Juges de paix*, p. 64, 1er alinéa.

juge de paix, selon que la valeur du litige est plus faible ou plus forte, ne juge-t-il pas, tantôt en premier et dernier ressort, et tantôt en premier ressort seulement? Qu'y a-t-il d'étonnant dès lors qu'investi du droit de prononcer souverainement, lorsque la contestation ne roule encore que sur une valeur modique, il en soit dépouillé, sitôt que la contestation s'engage sur une valeur plus considérable?

483. *Troisième objection.* — Proroger une autorité, ce n'est pas la dénaturer: c'est, et rien de plus, l'étendre au delà de ses limites naturelles (1).

Réponse. — Je le demande : lequel de ces deux systèmes dénature davantage la juridiction civile-judiciaire du juge de paix; ou de celui de M. Henrion de Pansey, qui tend à rendre le juge de paix souvevain, même au-dessus de la valeur pour laquelle la loi lui a conféré des pouvoirs souverains; ou de celui que je propose, et qui tend à renfermer les pouvoirs de ce magistrat dans les limites mêmes tracées par la loi ?

484. *Quatrième objection.* — Serait-il dans

---

(1) *Compétence des Juges de paix*, p. 64, 2° alinéa.

les convenances qu'il pût dépendre du pur caprice du défendeur, en formant lui-même une
demande exagérée ou chimérique, d'enlever,
au juge saisi souverainement, le droit de juger
souverainement (1) ?

Réponse. — Si c'est un pur caprice de se
défendre (je dis de *se défendre*, car on sait que
la demande réconventionnelle n'est autre chose
qu'une défense à la demande originaire) (2) ;
assurément un pareil caprice n'a rien que de
très-légitime : et lorsque, d'après l'usage de
cette voie légitime, la valeur du litige se trouve
portée au delà du taux fixé par la loi pour le
dernier ressort, n'est-ce pas la loi, et non pas le
défendeur, qui enlève au juge le droit de prononcer en dernier ressort ?

485. *Cinquième objection.* — N'y aurait-il
pas de la bizarrerie à ce que, dans la même affaire, on vît des jugemens en premier et en
dernier ressort ? et c'est pourtant ce qui arriverait, si une demande réconventionnelle, qui
n'aurait été formée que postérieurement à une

----

(1) Voy. *Compétence des Juges de paix*, p. 64, l. 20 et
suiv.

(2) Voy. *suprà*, n°s 111, 112.

sentence interlocutoire (1), devait influer sur le degré de la juridiction (2).

Réponse. — Cette prétendue bizarrerie n'a été aperçue, ni par MM. Pigeau et Berriat-Saint-Prix, qui professent, qu'en appelant d'un jugement définitif, on ne serait pas recevable à appeler de l'*interlocutoire signifié* depuis plus de trois mois ; ni par MM. Lepage et Dumiau-Crouzillac, qui professent, qu'en appelant d'un jugement définitif, on ne serait pas recevable à appeler de l'*interlocutoire acquiescé*; ni par M. Hautefeuille, qui professe l'une et l'autre de ces deux opinions ; ni enfin, par M. Carré, qui, après les avoir rapportées (3), propose des motifs de douter de leur justesse, motifs ou n'entre pour rien la prétendue bizarrerie signalée par l'objection que je combats ici. Mais où se trouverait véritablement la bizarrerie, ce serait dans une demande réconventionnelle, que l'on

---

(1) *Voy.* pour ce qu'on doit entendre par sentence ou jugement interlocutoire, l'art. 452 du Code de procédure civile.

(2) *Voy. Compétence des Juges de paix,* p. 65, 1er alinéa.

(3) Voy. M. Carré, *Analyse raisonnée et conférence des opinions des commentateurs et des arrêts des cours sur le Code de procédure civile*, t. II, p. 48, question 1484e.

ne se serait avisé de former qu'après l'intervention d'un jugement interlocutoire.

486. Aux raisons que je viens d'employer pour combattre les diverses objections puisées dans l'ouvrage de M. Henrion de Pansey, on peut joindre deux arrêts de cassation, rapportées par cet auteur lui-même aux pages 109 et suivantes de sa *Compétence des Juges de paix*, et qui, de son propre aveu, sont contraires au système qu'il a professé, conformes, par conséquent, à celui que je viens de soutenir.

§ IV.

Domicile.

487. Sous le rapport du domicile, la juridiction-civile-judiciaire du Juge de paix, peut-elle être quasi-contractuellement prorogée.

488. D'après M. Henrion de Pansey (1), la prorogation de la juridiction-civile-judiciaire du juge de paix, sous le rapport du domicile, ne peut être qu'expresse, c'est-à-dire contractuelle; jamais tacite, par conséquent, c'est-à-dire quasi-contractuelle.

---

(1) Voy. *Compétence des Juges de paix*, p. 53, 1er alinéa.

489. La raison qu'en donne cet auteur est que le second alinéa de l'art. 7 du Code de procédure civile, soumettant, en général, les diverses sortes de prorogations qu'il autorise, à la condition d'une déclaration formelle, par-là même y soumet, en particulier, la prorogation relative au domicile.

490. Cette raison prouve très-bien (ce que personne d'ailleurs ne s'avisera de contester) que, sous le rapport du domicile, comme sous tous autres rapports, la prorogation expresse ou contractuelle, la seule dont s'occupe l'article 7, ne saurait être tacite ; mais prouve - t - elle que, sous ce même rapport, la prorogation tacite ou quasi-contractuelle ne puisse avoir lieu ? Non. Car il y aurait absolument la même raison de proscrire aussi la prorogation tacite ou quasi-contractuelle sous le rapport du degré ; prorogation cependant qu'admet, ainsi qu'on l'a vu (1), M. Henrion de Pansey, et que nous aussi aurions admise, si des considérations d'une tout autre nature, et qui se trouvent exposées au paragraphe précédent, ne nous avaient empêché d'être de son avis.

____

(1) Voy. *suprà*, n° 480.

(234)

491. Revenant à la prorogation qui fait l'objet du présent paragraphe, pourquoi serait-elle prohibée ? N'est-il pas de principe, sanctionné par les articles 168 et 169 du Code de procédure civile, que le déclinatoire, c'est-à-dire l'exception par laquelle on propose l'incompétence du juge, que le déclinatoire, disons-nous, lorsqu'il est fondé sur une incompétence purement personnelle (et telle est celle qui résulte du domicile), doit être proposée *à limine litis*, c'est-à-dire préalablement à toutes autres exceptions et défenses : d'où la conséquence immédiate que, pour être désormais non-recevable à proposer l'incompétence, il suffit que le défendeur assigné devant un juge de paix, autre que celui de son domicile, se présente, et plaide au fond. D'où la conséquence ultérieure que la manifestation expresse de la volonté des parties n'est pas nécessaire pour rendre non-recevable à proposer, l'incompétence, ou ce qui revient au même, pour opérer la prorogation.

492. Vainement, pour infirmer les conséquences déduites du principe que nous venons d'invoquer (1), on opposerait le texte précité (2)

---

(1) Voy. *suprà*, n° 491.
(2) Voy. *suprà*, n° 489.

du second alinéa de l'article 7 ; car ce second alinéa se réfère à l'hypothèse, prévue par le premier, d'une comparution purement volontaire ; hypothèse dans laquelle le juge de paix, n'ayant été saisi de la contestation par aucune citation préalable, n'a dès lors, ni ne peut avoir de caractère que celui qui lui est conféré par la convention expresse des parties.

493. Et, loin que le second alinéa de l'art. 7 du Code de procédure civile soit, comme le suppose M. Henrion de Pansey, incompatible avec l'opinion que nous venons d'émettre, il en est, au contraire, le plus ferme appui. Car peut-être qu'à l'égard d'un tribunal d'attribution, tel qu'est celui du juge de paix, il y aurait quelque chose de plausible à nous contester l'application du principe établi pour les tribunaux ordinaires, par les articles 168 et 169 du Code de procédure civile, précités (1); si l'on n'en était empêché par la considération vraiment décisive, et qui manifestement sort du second alinéa de l'article 7, qu'ayant permis aux parties de proroger, notamment sous le rapport du domicile, et par une convention

_____

(1) Voy. *suprà*, n° 491.

formelle, la juridiction civile - judiciaire du juge de paix, le législateur ne peut leur défendre de la proroger par un fait obligatoire, comme est celui de la comparution en justice (1).

§ V.

Situation.

494. Sous le rapport de la situation, la juridiction civile-judiciaire du juge de paix peut-elle être quasi-contractuellement prorogée?

Les mêmes raisons qui, sous le rapport du domicile (2), militent en faveur de la prorogation quasi-contractuelle, militent aussi en sa faveur, sous celui de la situation.

Et, pour en offrir la preuve, il suffira d'observer que l'espèce d'incompétence dont est frappé le juge de paix, lorsqu'il n'est pas celui de la situation de l'objet litigieux, est absolument de même nature que celle dont il est frappé, lorsqu'il n'est pas celui du domicile du défendeur; chacune de ces deux espèces d'in-

(1) Voy. *infrà*, n° 545.

(2) Voy. *suprà*, n°s 487 à 493.

compétence étant purement personnelle et relative.

§ VI.

Valeur.

495. Sous le rapport de la valeur, la juridiction civile-judiciaire du juge de paix peut-
elle être quasi-contractuellement prorogée ?

496. Fixons les idées par une hypothèse.

Devant le juge de paix, un particulier cité en
paiement d'une somme de soixante francs, pour
marchandises livrées, oppose à son adversaire
une demande en paiement d'une pareille somme
pour argent prêté.

Le juge de paix sera-t-il autorisé à statuer
sur l'une et sur l'autre de ces deux demandes ?

497. Si l'on s'en tient à la règle ailleurs indiquée (1), règle qui veut que la valeur de la
demande réconventionnelle figure dans le calcul de la valeur du litige, il faudra, pour se
conformer à une autre règle qu'ailleurs aussi
nous avons indiquée (2), et d'après laquelle le

____

(1) Voy. *suprà*, n°s 105, 106, 111 à 114.

(2) Voy. *suprà*, n°s 10 et 21.

juge de paix ne peut, même au premier degré seulement, connaître des actions purement personnelles et mobilières qu'autant que la valeur en est déterminée et n'excède pas cent francs, on décidera que la valeur du litige, c'est-à-dire des demandes que se forment respectivement les parties, excédant ici cent francs, le juge de paix ne peut en connaître même au premier degré seulement; d'où suivra la conséquence que, sous le rapport de la valeur, la juridiction civile-contentieuse du juge de paix ne peut être quasi-contractuellement prorogée.

498. Mais, en établissant la règle qui veut que la valeur de la demande réconventionnelle figure dans le calcul de la valeur du litige, j'ai annoncé que cette règle souffre une exception (1) : et cette exception, basée sur le texte de la loi romaine (2) qui, à cet égard, est l'expression même de la justice et de l'équité, a lieu toutes les fois que, de la cumulation des valeurs des demandes réconventionnelle et originaire, il résulterait, non pas seulement que,

---

(1) Voy. *suprà*, n° 115.

(2) Voy. *infrà*, n° 546.

de juge souverain, le juge de paix se trouvât
métamorphosé en juge du premier degré
(comme il l'est effectivement dans le cas prévu
au paragraphe 3 qui précéde) (1) ; mais que,
de juge compétemment saisi, le juge de paix
se trouvât métamorphosé en juge absolument
sans caractère pour connaître de la contestation.

On conçoit, en effet, qu'une demande réconventionnelle, par-là même qu'elle se rattache
à la demande originaire, doit influer sur le
mode de la juridiction du juge appelé à prononcer à la fois sur l'une et sur l'autre de ces
deux demandes : mais comment concevoir
qu'elle puisse avoir pour effet d'enlever au juge
la connaissance d'une demande qui, par hypothèse, a été régulièrement soumise à sa décision ?

499. Aussi les deux jurisconsultes éclairés
dont souvent nous avons comparé les doctrines
opposées, MM. Henrion de Pansey (2) et Poncet (3), sont-ils parfaitement d'accord sur ce
point.

----

(1) Voy. *suprà*, n° 477 à 486.
(2) Voy. *infrà*, n° 547.
(3) Voy. *infrà*, n° 548.

500. Le juge de paix, saisi de la demande originaire, est donc toujours compétent pour statuer sur la demande réconventionnelle qu'on y oppose : en d'autres termes, la prorogation quasi-contractuelle peut toujours avoir lieu sous le rapport de la valeur.

501. Observons toutefois qu'il ne saurait en être ainsi dans le cas, nécessairement très-rare, où les deux demandes principales que respectivement on s'oppose, auraient été formées en même temps ; chacune des parties ayant fait citer l'autre, le même jour, au même jour, et devant le même juge. L'une comme l'autre des demandes respectives étant alors également originaire, aucune des deux ne saurait être considérée comme réconventionnelle par rapport à l'autre (1).

502. M. Henrion de Pansey (2), se fondant sur l'autorité de Dumoulin, signale même une hypothèse où la demande réconventionnelle doit non-seulement ne pas figurer dans l'évaluation du litige, mais encore être renvoyée

---

(1) *Voy.* les cahiers de M. Poncet : *Notions préliminaires* chap. 4, sect. 4, *in fine.*

(2) Voy. *Compétence des Juges de paix*, p. 60, 2ᵉ alin.

devant le juge naturel du demandeur originaire : et cette hypothèse, qui a beaucoup d'analogie avec celle prévue , au sujet des demandes
incidentes, par la seconde disposition de l'article 181 du Code de procédure civile, est celle
où la demande réconventionnelle présenterait
des difficultés sérieuses , et de nature à entraîner des longueurs considérables.

503. Ne devrait-on pas renvoyer encore ,
devant le juge naturel du demandeur originaire, la demande réconventionnelle formée
contre lui, lorsque, prise isolément, elle dé-
passerait les bornes de la compétence du juge
de paix, même au premier degré seulement?

504. L'affirmatïve pourrait être appuyée sur
cette considération : que si, pour ne pas priver le
demandeur originaire du juge par lui compétemment saisi , quelquefois il peut être indispensable de déroger à la règle qui veut que la
valeur du litige soit calculée, et sur celle de la
demande originaire, et sur celle de la demande
réconventionnelle (1); jamais il ne peut l'être
de déroger à cette autre règle qui veut que les
demandes purement personnelles et mobilières

______

(1) Voy. *suprà* , n° 105 à 114.

ne puissent être portées par-devant le juge de paix, qu'autant que leur valeur n'excède pas cent francs (1) : ce qui arriverait ici ; puisque, par hypothèse, la demande réconventionnelle toute seule excède cent francs.

5o5. La négative, toutefois, qu'adopte implicitement M. Henrion de Pansey (2), nous paraît mieux fondée ; soit parce que le principe de la prorogation quasi-contractuelle, sous le rapport de la valeur, principe qui se fonde sur ce que la défense est la suite et la corrélation de l'attaque, s'applique également à toutes les demandes réconventionnelles, quelle qu'en puisse être la valeur ; soit parce que jamais on ne doit, sans nécessité, diviser la défense d'avec l'attaque, pour en faire deux procès séparés ; et parce que la nécessité que l'on voudrait déduire de la règle qui ne permet pas au juge de prononcer au-dessus de cent francs, disparaît devant le principe qui, sous le rapport de la valeur, permet la prorogation quasi-contractuelle.

---

(1) Voy. *suprà* , n°s 10, 21.

(2) Voyez *Compétence des Juges de paix* , p. 106 , précitée.

NOTES.

5o6. Note qui se réfère aux n°s 33 et 47, *suprà*.

... Omnis actio procedit ex jure aliquo, quod quis circa rem habet, tanquàm à causâ efficiente proximâ, et itidem variatur pro juris istius diversitate. Quemadmodùm autem hoc jus in universum duplex est; unum in re, alterum ad rem : ità quoque duæ in universum diversæ actionum species indè manârunt (sive duo remedia ad jus illud in judicio persequendum. Jus in re, quod obiter hìc inculcandum, multiplex, dominium, tùm directum, tùm utile; ususfructus; servitutes; pignus; jus possessionis. Jus ad rem unum est, obligatio scilicet, sive creditum. Ex jure quod quis in re habet, proficiscitur actio in rem, pro diversâ quidem qualitate istius juris, diversi quoque generis, sed id ad rem propositam nunc nihil facit. obligatio actionem in personam parit.) Illa in rem dicitur, quia domino quod detur, rem perpetuò sequitur, atque ut persona hìc conveniatur, hoc est possessor, tamen non convenitur propter se, sed propter

rem possessam. Hæc autem in personam dicta est, quia ut persona hic convenitur, ità convenitur propter se, quia se obligavit, non propter rem petitam, quod tamen non sic accipiendum est, quasi quis ex obligatione agit, non hoc agat, ut rem quæ in obligationem deducta est consequatur : sed sic, quòd actione in personam quisque tenetur ob hoc solum, quia, verbi causâ, promisit se daturum esse; et hoc, sive rem habeat, sive non habeat; cùm actione in rem propriá propter hoc solum teneatur, quòd rem possidet, nec compellatur in rem actionem pati, si rem defendere nolit, aut sine dolo possidere desierit, L. sin autem, 27, § 1º, L. ult. *De rei vindicatione* (1).

507. Note qui se réfère au nº 48, *suprà.*

« ... D'où dérive l'action réelle? Ce n'est d'aucun « engagement personnel à celui que nous atta- « quons, mais d'un droit que nous avons sur la chose « réclamée, indépendamment de toute obligation « de sa part, *jus in re.*

« Loin que notre droit résulte d'une obligation à « lui imposée, c'est au contraire ce droit qui est le « principe de son obligation. Quel est, en effet, le

______

(1) *Arnoldi Vinnii Comm. in Inst.*, Lib. 4, tit. 6, text. 2, nº 2.

« raisonnement sur lequel se fonde l'action réelle ?
« Je prétends avoir tel droit sur telle chose : donc le
« possesseur ou le détenteur de cette chose doit me
« laisser jouir de ce droit. Je ne dis pas : Il est
« obligé envers moi, donc j'ai droit; je dis au con-
« traire : J'ai droit, donc il est obligé envers moi.

« Ainsi, à la différence de l'action personnelle dans
« laquelle le droit naît ... du devoir ou de l'obliga-
« tion; c'est ici le devoir ou l'obligation qui naît du
« droit, et qui en est la conséquence (1)... »

508. NOTE qui se réfère au nº 59, *suprà*.

On ne peut mieux décrire la nature équivoque
de cette sorte d'action que ne l'a décrite M. Poncet
dans le passage que voici (2) :

« Peut-être nous demandera-t-on ... quelle idée
« nous nous formons de la véritable nature de l'ac-
« tion en révocation pour cause de survenance
« d'enfans ?

« A cela nous répondrons : 1º que, si l'on consulte
« l'état de nos mœurs et de notre civilisation, on
« doit plutôt la regarder comme personnelle que
« comme réelle; car il est conforme à cet état de

----

(1) *Voy*. M. Poncet, *Traité des Actions*, nº 49.
(2) Voy. *ibid.* nº 121 2º, *in fine*.

« mœurs comme à toute bonne police, que les
« moyens légaux qui opèrent de plein droit soient
« réduits au plus petit nombre possible : peut-être,
« sous ce point de vue, conviendrait-il que le dona-
« teur ne recouvrât son droit de propriété que par
« l'effet du jugement de révocation.

« Mais, 2° que si l'on s'attache soit aux termes de
« la loi française, qui est littéralement copiée sur
« un article de l'ordonnance de 1731, lequel était
« lui-même emprunté d'une fameuse loi romaine (1),
« soit à l'esprit des lois dont nous parlons, et qu'at-
« teste surtout l'ancienne jurisprudence des arrêts ;
« l'action doit plutôt être qualifiée réelle, comme
« dérivant du droit de propriété qui est rentré de
« plein droit et *ipso facto* dans le domaine du do-
« nateur. »

On voit, par le titre même du paragraphe auquel
se réfère la présente note, que j'ai eu égard à l'une
comme à l'autre de ces deux opinions ; m'atta-
chant toutefois de préférence à la seconde, pour y
puiser le caractère prédominant d'une pareille action.

509. Note qui se réfère au n° 65, *suprà*.

En voici quelques exemples :
Premier exemple. — Par arrêt du 5 novem-

---

(1) L. 8, Cod. *De revocandis donationibus.*

bre 1806 (1), la Cour de cassation a déclaré *mixte* l'action en rescision d'une vente d'immeubles ; et cela, parce que, d'après le droit romain, la demande en rescision d'un tel acte est une action *utilis in rem.*

Plus on considère attentivement ce motif, et plus on est étonné qu'une Cour aussi éclairée en ait fait l'unique base de sa décision.

Qu'importe, en effet, que les lois romaines qualifient d'*utilis in rem* l'action en rescision d'une vente d'immeubles ? Cela dispense-t-il d'examiner si, outre le caractère de *personnalité* qu'elle présente, elle offre encore celui de *réalité* ?

Or, s'il est certain que le premier de ces caractères ne peut être contesté à l'action en rescision ; et cela parce que la lésion est un fait purement personnel : il ne l'est pas moins que le second ne peut être accordé à cette espèce d'action ; et cela parce qu'une fois dépouillé, par une vente consommée (2), le vendeur ne peut plus prétendre à aucune portion dans la propriété de l'objet vendu, jusqu'à ce que, par l'effet d'une décision de l'autorité compétente, l'acte de vente ait été anéanti.

Second exemple. — L'action en résiliation de bail

---

(1) *Voy.* le recueil de M. Sirey, t. VI, 1re part. , p. 472 à 475.

(2) Voy. *suprà* , n° 45.

(248)

est une action mixte : ainsi jugé par arrêt de la Cour royale de Paris, en date du 16 février 1808 (1).

Quoi ! l'action en résiliation de bail est *mixte*, c'est-à-dire *personnelle* et *réelle* tout ensemble ? Mais qu'a donc de *réel* une semblable action ? Le propriétaire qui l'intente, souffre-t-il, dans son droit de propriété, une contradiction quelconque de la part de son locataire, qui, en se prévalant du bail, ne réclame qu'un simple droit de possession à titre purement précaire. (2)

Troisième exemple. — « Un immeuble est vendu « par le fondé de pouvoir du propriétaire, et le len-« demain, par le propriétaire lui-même, mais à un « autre individu.

« Le second acquéreur assigne le propriétaire « vendeur, en exécution du contrat, par-devant le « tribunal du domicile de celui-ci, et en même temps « il assigne par-devant le même tribunal le pre-« mier acquéreur, en déclaration de jugement com-« mun.

« Ce premier acquéreur ouvre ensuite, de son « côté, une action semblable devant le tribunal de « la situation de l'objet vendu.

---

(1) *Voy.* le recueil de M. Sirey, t. VII, p. 771 et 772 du Supplément.

(2) *Voy.* M. Poncet, *Traité des Actions*, n° 124, et *suprà*, n° 183.

« Pourvoi en règlement de juges : sur quoi » (à la section des requêtes, et le 2 février 1809), « inter-
« vient arrêt qui, considérant que la compétence des
« tribunaux se règle d'après la nature des actions qui
« leur sont soumises ; que l'action dont il s'agit est
« *une action mixte*, qui, aux termes de l'article 59 du
« Code de procédure, pouvait être portée au tribunal
« du domicile, ou à celui de la situation ; et que, le
« tribunal du domicile ayant été le premier saisi,
« l'action en déclaration de jugement commun lui
« appartenait également pour raison de connexité ;
« en conséquence ordonne que les parties procé-
« deront devant ce tribunal premier saisi (1). »

Ainsi donc, la Cour de cassation a jugé *mixte* l'action tendant à obtenir l'exécution d'un contrat de
vente, lorsque cette action est dirigée contre un
vendeur qui, dépouillé déjà, bien qu'à son insu,
au moment de la vente, n'a pu transmettre à l'acquéreur aucun droit *réel* sur la chose ; et pourtant
quelle action plus évidemmment *pure-personnelle*
que celle-là ? Par sa nature, ne résulte-t-elle pas
uniquement et exclusivement de l'obligation con-
tractée ? et, par son objet, ne consiste-t-elle pas à
poursuivre, contre la personne engagée, l'exécution
d'un contrat ?

---

(1) Voy. M. Poncet, *Traité des Actions*, n° 123, et le
recueil de M. Sirey, t. IX, 1re part., p. 138 et 139.

510. Note qui se réfère aux n°s 119 et 134, *suprà.*

« ... Le demandeur n'a pas fixé la quotité des dom-
« mages et intérêts auxquels il a conclu ; mais le
« juge de paix les a réglés à une somme inférieure
« à 50 livres, et en conséquence, il a prononcé en
« dernier ressort : en avait-il le droit ?

« Non : plusieurs sentences de juges de paix ont
« été cassées pour avoir donné dans cette méprise.
« Le motif de décider est donc la règle qui veut im-
« périeusement que la compétence des tribunaux se
« règle par la somme demandée, et non par elle ad-
« jugée.

« Ainsi, toutes les fois que le donateur n'a pas fixé
« lui-même la quotité des dommages et intérêts qu'il
« réclame, le juge de paix ne peut prononcer qu'en
« premier ressort, quand même, par son jugement,
« il réglerait ces dommages et intérêts à la somme la
« plus modique (1). »

511. Note qui se réfère aux n°s 136, *suprà.*

« Quant aux demandes qui doivent être formées

____

(1) *Voy.* M. Henrion de Pansey, *Compétence des Juges
de paix,* chap. 50, p. 486, 2e alinéa et suiv. des 4e et
5e édit.; 494, 1er alinéa et suiv. de la 6e.

« dans l'année, la loi en indique trois nominative-
« ment, et ajoute : *et toutes autres actions posses-*
« *soires.*

« Ce mot *autres* indiquant des choses semblables,
« il faut tenir que, relativement aux trois objets qui
« précèdent, celui qui se plaint ne peut agir devant
« le juge de paix que possessoirement, c'est-à-dire,
« qu'il ne peut lui demander que la maintenue ou la
« réintégrande dans sa possession; et que, si ses con-
« clusions tendaient à ce qu'il fût déclaré proprié-
« taire du terrain ou du droit litigieux, ce que les
« praticiens appellent conclue au pétitoire, le juge
« de paix ne pourrait en connaître.

« Et s'il en est ainsi, comment ne pas remarquer
« que cette disposition renferme une surabondance
« de mots qui peut fatiguer, et même égarer ? En
« effet, comme toutes les actions qui, sans toucher
« au fond du droit, ne tendent qu'à la maintenue ou
« à la réintégrande dans la possession, se nomment
« *actions possessoires,* et que toutes sont annales,
« il était inutile de parler de déplacemens de bornes
« et d'*usurpations;* également inutile de dire et de
« répéter, *commises dans l'année ;* il ne fallait que
« ces mots : *le juge de paix connaît de toutes les ac-*
« *tions possessoires* (1).... »

____

(1) *Voy.* M. Henrion de Pansey, *Compétence des Juges
de paix,* p. 131 et 132.

512. **Note** qui se réfère au n° 139, *suprà.*

1° Après avoir cité diverses lois et divers passages d'auteurs où se trouve définie l'action possessoire, M. Henrion de Pansey se résume et dit :

« En réunissant ces notions , on voit que l'on peut « définir la complainte , *une action qui appartient à* « *celui qui a la possession* civile *d'un héritage, d'un* « *droit réel, ou d'une universalité de meubles, pour* « *s'y faire maintenir lorsqu'il est troublé.*

« Voilà , comme je viens de le dire , la définition « qui résulte des notions que l'on trouve dans les « auteurs ; mais je crois que, pour que cette défini- « tion fût parfaitement exacte, à ces mots *héritages* « *ou droits réels*, il faudrait ajouter ceux-ci : *dont* « *la propriété peut s'acquérir pour la prescription.*

« Comment, en effet, la possession annale serait- « elle comptée pour quelque chose , lorsque la pos- « session la plus longue n'est comptée pour rien ? « Les choses imprescriptibles ne peuvent donner « lieu qu'aux actions pétitoires, puisqu'à leur égard, « pour avoir un droit, il faut avoir un titre (1). »

2° M. Poncet est encore plus précis :

« La possession , dit cet auteur (2), pour être

____

(1) *Compétence des Juges de paix* , p. 372.
(2) *Traité des Actions* , n° 74.

« qualifiée saisine ou possession parfaite, doit être
« *annale, paisible, publique et non-équivoque*, con-
« *tinue et non-interrompue, à titre de propriétaire*,
« c'est-à-dire, avec la juste intention de posséder
« comme tel : en outre, elle doit s'appliquer à une
« *chose prescriptible.* »

513. **Note** qui se réfère au n° 148, *suprà.*

Par arrêt du 12 octobre 1814, la Cour de cassation a décidé que le délai d'un an pour intenter l'action possessoire, court du jour même du trouble,
et non du jour seulement où le trouble a été connu,
bien que, dans l'espèce, il fût question d'un trouble
de droit plus que d'un trouble de fait, et que le
trouble eût été essuyé, non par le propriétaire per-
sonnellement, mais bien par le fermier, qui n'en avait
pas donné avis au propriétaire (1).

514. **Note** qui se réfère au n° 152, *suprà.*

« Qu'importe.... que le demandeur qui a été trou-
« blé ou dépouillé, ait ou n'ait pas une possession

---

(1) *Voy.* le recueil de M. Sirey, t. XV, 1re part., p. 124
et suiv.

« parfaite, si celui qui l'a troublé ou dépouillé n'a
« lui-même ni droit ni prétention apparente à une
« possession de cette nature ?

« Si le demandeur ne possède pas légitimement, au
« moins a-t-il une jouissance actuelle et effective :
« serait-il juste qu'on l'en privât pour la donner à
« son adversaire, qui, dans la supposition, n'a d'autre
« titre que celui de perturbateur ou de spoliateur ?
« serait-il juste qu'on refusât à ce demandeur la
« réparation du tout qu'il a souffert par le fait d'un
« injuste agresseur ?

« Si le demandeur n'a pas une possession légitime,
« c'est qu'il a la possession d'un autre ; mais le dé-
« fendeur peut-il exciper d'un droit qui n'est pas le
« sien ?

« Le défendeur, en un mot, par-là même qu'il
« excipe de l'illégitimité de la possession du deman-
« deur, réagit contre ce demandeur ; mais cette
« exception ou action répulsive peut-elle lui appar-
« tenir, si elle n'a pas, comme toute autre action,
« un but d'utilité ou d'intérêt légitime ; autrement,
« si elle n'est pas fondée sur un droit qui lui soit
« propre ?

« De même donc que la possession parfaite est,
« aux yeux de la loi, le signe et l'image de la pro-
« priété ; de même la loi doit voir, dans la possession
« même imparfaite, une image, une présomption
« de la possession véritable, jusqu'à ce que le con-

« traire soit établi par le légitime contradicteur, c'est-
« à-dire, par celui qui prétend lui-même à la posses-
« sion. *In pari causâ, potior est causa possidentis.*

« Il y a cependant un cas où, pour être légitime
« contradicteur, on n'a pas besoin de prétendre au
« droit de possession : c'est lorsque le demandeur
« n'y prétend pas lui-même, et que la contestation
« ne roule que sur le simple fait de la possession et
« du trouble. Les parties sont alors l'une pour l'autre
« de légitimes contradicteurs ; mais cette supposition,
« loin d'être une exception à notre règle, n'en est
« que la confirmation. Car, comme dans l'espèce
« il n'y a de contradiction que sur le fait de la pos-
« session, celui des contendans qui est reconnu par
« le jugement avoir été troublé ou dépouillé par
« l'autre, doit obtenir la cessation et la réparation
« du trouble ou de la spoliation qui sont l'objet de
« l'action possessoire, et cela comme possesseur re-
« connu, conséquemment comme possesseur pré-
« sumé légitime. *Potior est causa possidentis* (1). »

515. Note qui se réfère au n° 163, *suprà.*

1° Écoutons M. Poncet (2) :
« ... Si l'on a possédé clandestinement, à la dé-

---

(1) M. Poncet, *Traité des Actions*, n° 84.
(2) *Ibid.*, n° 74 3°.

« robée, loin de l'œil du public, ou d'une manière
« équivoque et incertaine, il s'ensuit, d'une part,
« que la possession est suspecte ; car un légitime
« possesseur ne se cache pas : d'autre part, que l'opi-
« nion du public n'a pu se former sur la légitimité
« de cette possession, ou incertaine, ou ignorée : et
« enfin que le véritable propriétaire ou possesseur,
« qui l'a également ignorée, n'a pu s'y opposer. »

2° M. Pardessus, ayant à caractériser la possession
requise pour autoriser l'exercice de l'action possessoire, s'exprime ainsi : « cette possession.... ne doit
« être, ni incertaine, ni équivoque. Telles seraient
« les anticipations presque insensibles que les voisins
« font respectivement sur leurs héritages limitrophes
« et de même culture, lors du labourage, du sciage
« des blés, ou de la fauchaison. Elles sont très-diffi-
« ciles à apercevoir...; la possession que l'on acquiert
« à leur faveur ne doit commencer à courir que du
« jour de la contradiction ; elle est équivoque, et on
« peut dire même presque clandestine, parce qu'il
« est difficile de bien se rappeler, chaque année,
« jusqu'à quel point précis on a pu prolonger ses
« sillons, ou faucher l'année précédente : quelques
« sillons peuvent être usurpés par le voisin sans
« que le propriétaire s'en aperçoive (1). »

____

(1) *Voy.* M. Pardessus. *Traité des Servitudes*, 4ᵉ édit.,
n° 126.

516. **Note** qui se réfère aux n°s 184 et 206, *suprà*.

1° « L'usufruitier, l'usager peuvent, dit M. Poncet (1),
« intenter les actions possessoires relatives aux servi-
« tudes, dans l'intérêt de la jouissance qui leur appar-
« tient, puisque l'article 613 met à leur charge les frais
« des procès qui concernent la jouissance.

« On peut, il est vrai, objecter qu'une maintenue
« au possessoire ayant pour effet de faire présumer
« propriétaire celui qui l'a obtenue, l'usufruitier ou
« l'usager ne doit pas être admis à exercer une action
« dont l'influence peut être si grande sur la propriété
« qui ne lui appartient pas ; que d'ailleurs l'article 23
« du Code de procédure n'admet à exercer les actions
« possessoires que ceux qui sont en possession à titre
« non précaire, et que, suivant l'article 2236 du Code
« civil, l'usufruitier n'est qu'un détenteur à titre pré-
« caire (2).

« Ces raisons ne paraissent pas déterminantes ; l'usu-
« fruitier, l'usager ont un droit propre qu'ils exercent

---

(1) Voy. *Traité des Servitudes*, n° 333.

(2) Ici l'auteur annonce qu'il avait adopté cette opinion
dans les précédentes éditions de son ouvrage ; mais que
MM. Delvincourt (t. I, p. 530) et Toullier (t. III, p. 152,
331 et 637) ne l'ayant point partagée , il a cru devoir se
ranger à leur avis.

« par eux-mêmes ; lorsqu'ils le réclament, ils ne récla-
« ment rien qui appartienne au propriétaire ; ce que
« le propriétaire pourrait réclamer à son tour n'est
« point ce qui appartient à l'usufruitier, à l'usager.

« L'usufruitier, l'usager sont effectivement rangés,
« par l'article 2136, parmi les possesseurs précaires,
« mais seulement à l'égard du propriétaire, en ce qui
« concerne l'acquisition de la nue-propriété que leur
« jouissance, quelque longue qu'elle soit, ne peut
« leur faire acquérir ; mais à l'égard des tiers qui les
« troubleraient, ils ont un droit propre qu'ils peuvent
« défendre et réclamer. Ce droit est celui de jouir du
« fonds sans obstacles, et les servitudes dues à ce
« fonds en sont une partie.

« La faculté d'exercer les actions qui tendent à con-
« server leur droit est donc la conséquence de la con-
« cession d'usufruit ou d'usage qui leur a été faite ; et,
« quand ils agiront ainsi, le propriétaire sera tenu de
« les aider de tous les titres. . . . »

2° « A l'égard de l'usufruitier et de l'usager, dit
« M. Poncet (1), ce sont bien... des possesseurs pré-
« caires qui ne peuvent prescrire la propriété des
« choses soumises à leur droit d'usufruit ou d'usage ;
« et pourquoi ? par la raison que le droit qui leur
« appartient sur la chose, est exclusif de l'idée de la

---

(1) Voy. *Traité des Actions*, n° 78.

« propriété de cette chose ; mais, s'ils ne sont que pos-
« sesseurs précaires des objets dont ils jouissent, ils
« ne sont pas de même possesseurs précaires du droit
« d'usufruit ou d'usage qu'ils ont sur ces mêmes objets ;
« ils sont véritablement propriétaires de ce droit, et
« le possèdent en cette qualité. En effet, l'usufruit et
« l'usage sont, comme on sait, des droits exclusive-
« ment attachés à la personne, tellement qu'elle ne
« peut les transmettre, et qu'ils s'éteignent avec elle.

« . . . .

« En un mot, l'usufruitier et l'usager possèdent
« pour le propriétaire les choses sujettes à l'usufruit
« ou à l'usage : donc ils ne peuvent les prescrire.
« Mais ils possèdent pour eux-mêmes, et comme pro-
« priétaires, le droit réel d'usufruit ou d'usage : donc
« l'action possessoire proprement dite leur est ou-
« verte, en cas de trouble éprouvé par eux dans la
« possession de ce droit. »

517. Note qui se réfère aux n°s 223 et 237,
suprà.

*Quædam prætereà res corporales sunt, quædam
incorporales.*

*Corporales hæ sunt quæ tangi possunt; veluti fun-
dus, . . . vestis, aurum, argentum, et denique aliæ
res innumerabiles.*

*Incorporales autem sunt quæ tangi non possunt ;
qualia sunt ea quæ in jure consistunt, sicut heredi-
tas, ususfructus, usus (et) obligationes quoquo modo
contractæ. Nec ad rem pertinet quòd in hereditate res
corporales continentur ; nam et fructus qui ex fundo
percipiuntur, corporales sunt : et id quod ex aliquâ
obligatione nobis debetur, plerumquè corporale est,
veluti fundus... pecunia ; namipsum jus hereditatis,
et ipsum jus utendi, fruendi, et ipsum jus obliga-
tionis, incorporale est.*

*Eodem numero sunt jura prædiorum, urbanorum
et rusticorum, quæ etiam servitutes vocantur* (1).

518. NOTE qui se réfère au n° 247, *suprà*.

« L'action possessoire est tellement distincte de
« celle de la propriété, que les articles 25 et suivans
« du Code de procédure veulent qu'elle soit jugée
« séparément et avant celle-ci, à laquelle elle ne
« porte aucune atteinte. Le juge qui connaît de la
« première n'est pas le même que celui auquel est
« dévolue la seconde ; il doit donc éviter avec soin,
« dans l'instruction de l'affaire, de s'arrêter à quel-
« ques faits, ou d'insérer dans le jugement quelques
« dispositions qui confondraient les deux actions.

____

(1) Inst. *De rebus corporalibus et incorporalibus.*

« C'est principalement dans les complaintes rela-
« tives aux servitudes naturelles ou légales que cette
« attention doit être plus scrupuleuse, et que le juge
« peut être exposé à commettre des erreurs. La loi a
« mis au rang de ces servitudes des obligations qui
« n'en ont pas, dans la rigoureuse acception des
« mots, tous les caractères. Le bornage est bien
« l'obligation d'un fonds envers un autre ; mais ses
« effets rentrent plus dans la classe des partages ou
« des discussions de propriété que dans celle des ser-
« vices fonciers : la clôture n'est pas véritablement
« une servitude, c'est un moyen légal de s'affranchir
« de quelques-uns de ces droits. La mitoyenneté des
« murs, haies et fossés, est moins une servitude
« qu'une copropriété, et ne saurait donner lieu à
« l'action possessoire, sans un mélange de questions
« relatives au pétitoire, tel qu'il est souvent difficile
« d'établir une juste distinction, et de ne pas cumu-
« ler l'une et l'autre. C'est même dans ce cas qu'il
« faut distinguer quand la loi a admis la possession
« comme présomption d'un droit, ou quand elle ne
« s'en est pas expliquée (1). »

____

(1) M. **Pardessus**, *Traité des Servitudes*, n° 325.

519. Note qui se réfère au n° 272, *suprà.*

« Les servitudes sont établies ou pour l'usage des
« bâtimens, ou pour celui des fonds de terre.

« Celles de la première espèce s'appellent *urbaines*
« soit que les bâtimens auxquels elles sont dues soient
« situés à la ville ou à la compagne.

« Celles de la seconde espèce se nomment *rurales.* »

Telle est la disposition de l'article 687 du Code
civil ; en cela beaucoup plus précise que celle des
lois romaines, d'après laquelle il ne suffisait pas aux
servitudes, pour être urbaines, qu'elles fussent établies au profit des bâtimens, ni, pour être rurales,
qu'elles le fussent au profit des fonds de terre.

« ... *Prædia urbana non locus facit, sed materia ;
ergo, si prædium destinatum est usibus œconomicis, rei
pecuariæ, agriculturæ, rusticum censetur, sive in urbe,
sive ruri situm sit : si autem prædium destinatum
habitationi voluptativæ erit urbanum, sive ruri situm sit, sive in urbe. Et hìnc e. g. ædificium in
quo habitamus, est urbanum, quamvis ruri exstruc-
tum : contrà, ædificium in quo fructus recondimus,
veluti horreum, rusticum censebitur, tametsi in mediâ
urbe situm sit. Ita et hortus voluptatis causâ cultus est
prædium urbanum : ubi olera, herbæ et fruges tantùm
succrescunt, hortus erit prædium rusticum* (1). »

______

(1) Heineccii recit., *in inst.*, §§ 393, 394.

520. Note qui se réfère au n° 277, *suprà*.

La loi 3, au Digeste, *De usucapionibus et usurpatio-nibus*, définit ainsi l'usucapion, ou, si l'on veut, la prescription, qui, d'après la loi unique au code *De usucapione transformandâ*, lui a été assimilée : . . . *Adjectio dominii per continuationem temporis lege definiti.*

Dunod nous en a laissé une définition plus complète :

« La prescription, dit cet auteur, est un moyen « d'acquérir le domaine des choses, en les possédant « comme propriétaire, pendant le temps que la loi « détermine à cet effet ; et de s'affranchir des droits « incorporels, des actions et des obligations, lorsque « celui à qui ils appartiennent néglige, pendant un « certain temps, de s'en servir et de les exercer. »

Enfin les auteurs du Code civil se sont approprié cette dernière définition, en en faisant disparaître les longueurs qui la déparaient. D'où l'article 2219 ainsi conçu :

« La prescription est un moyen d'acquérir ou de « se libérer par un certain laps de temps, et sous les « conditions déterminées par la loi. »

521. Note qui se réfère au n°. 290, *suprà.*

... Cùm autem antiqui et in rebus mobilibus, vel se moventibus, quæ fuerant alienatæ, vel quocumque modo (bonâ fide tamen) detentæ, usucapionem extendebant, non tantùm in italico solo nexu, sed in omni orbe terrarum, et hanc annali tempore concludebant : et eam duximus esse corrigendam : ut si quis alienam rem mobilem, seu se moventem, in quâcumque terrâ, sive italicâ, sive provinciali, bonâ fide per continuum triennium detinuerit, ex firmo jure eam possideat, quasi per usucapionem eam acquisitam... (1).

522. Note qui se réfère au n° 310, *suprà.*

La Cour de cassation a décidé qu'une disposition de loi, constitutive de servitude, vaut titre formel. En voici deux arrêts très-positifs :

Premier arrêt. — « Attendu ... qu'aux termes de
« l'article 640 du Code civil, les fonds inférieurs
« sont assujétis, envers ceux qui sont plus élevés, à
« recevoir les eaux qui en découlent naturellement
« sans que la main de l'homme y ait contribué ;

______

(1) Liv. un. *c. De usucapione transformandâ.*

« *que cette obligation*, *étant consacrée par la loi*, *est*
« *un droit réel fondé sur un titre*, et donne par con-
« séquent au possesseur troublé dans sa possession
« l'action en complainte contre l'auteur du trouble ;
« ... la Cour casse (1)... »

Deuxième arrêt. — « Considérant ... que *celui qui*
« *jouit ... en vertu* du droit commun et *des disposi-*
« *tions de la loi*, *possède à aussi juste titre que celui*
« *qui possède en vertu d'un* contrat d'acquisition,
« d'un contrat d'échange, ou de tout autre *acte*
« *translatif de proprieté*; qu'il suffit dès lors qu'il ait
« été troublé dans sa jouissance de plus d'an et jour,
« pour autoriser la complainte qu'il a exercée, dès
« qu'il l'a exercée dans l'année du trouble ; ...
« casse (2) ... »

523. NOTE qui se réfère au n° 311, *suprà.*

« Il n'y a pas de règle sans exception. Il doit donc
« y en avoir à celle qui veut qu'en statuant sur le
« possessoire, le juge n'ait aucun égard aux titres de
« propriété. Effectivement, le juge peut les prendre

---

(1) 13 juin 1814, recueil de M. Sirey, t. XV, 1re part.,
p. 239 à 241.

(2) 1er mars 1815, même recueil, t. XV, 1re part.,
p. 120 à 122.

« en considération, et maintenir possessoirement
« celui dont la propriété lui paraît le mieux établie,
« lorsque les preuves respectives de la possession
« sont telles, qu'il ne voit pas de quel côté il doit faire
« pencher la balance.

« Alors ce n'est pas un titre qu'il applique, c'est un
« indicateur qu'il consulte. Ce n'est pas le pétitoire
« qu'il juge, c'est le possessoire qu'il éclaire. Il ne
« contrevient donc pas à la loi qui défend de cumuler
« le pétitoire et le possessoire (1). »

524. NOTE qui se réfère au n° 311, *suprà.*

« ... Si le prétendant droit à une servitude discon-
« tinue ou non apparente avait un titre à l'appui de
« sa possession, le juge de paix pourrait connaître
« de la complainte, qui ne serait plus alors considérée
« comme l'effet de la précarité et de la tolérance.
« Ce juge, il est vrai, ne peut pas juger de la validité
« de ce titre; mais il peut s'en servir pour apprécier
« la qualité de la possession annale dont on excipe
« devant lui, et prononcer une maintenue dont l'ef-
« fet unique serait d'assurer au possesseur la posses-
« sion pendant l'instance au pétitoire, sans le dis-

____

(1) M. Henrion de Pansey, *Compétence des Juges de paix*, chap. 51.

(267)

« penser de prouver son droit de la manière requise
« pour les servitudes discontinues (1). »

525. Note qui se réfère au n° 311, *suprà*.

« ... Si, par l'effet de quelques circonstances qu'on
« peut facilement supposer, il était vérifié que la
« possession de ces espèces de servitudes, » (l'auteur s'occupe des servitudes continues non apparentes ou discontinues, apparentes, ou non) « loin
« d'être incomplète ou vicieuse, est au contraire
« parfaite et légitime ; alors il faudrait les ranger
« parmi les servitudes prescriptibles, puisqu'elles
« auraient été possédées avec l'esprit et l'intention
« de la propriété, et conséquemment parmi les ser-
« vitudes qui donnent lieu à la véritable action pos-
« sessoire.

« Supposons, par exemple, que le possesseur d'une
« servitude continue non apparente, ou d'une servi-
« tude discontinue, représente à l'appui de son action
« un titre de propriété ; pourra-t-on l'y faire déclarer
« non-recevable, sous prétexte que cette servitude est
« imprescriptible suivant la loi ? non, sans doute.
« Car, s'il était propriétaire de la servitude, il s'en-

---

(1) M. Pardessus, *Traité des Servitudes*, 4ᵉ édit., n° 324,
3ᵉ alinéa.

« suit qu'il l'a légitimement possédée à titre de pro-
« priétaire ; et comme la preuve de cette légitime
« possession résulte d'un titre formel, il ne peut plus
« y avoir lieu à aucune présomption contraire... (1) »

526. Note qui se réfère au n° 311 , *suprà.*

Nous croyons devoir présenter ici l'analyse des principaux arrêts qui ont fixé la jurisprudence sur ce point important.

Arrêt du 14 juillet 1810.

« Attendu que, si la possession annale d'une servi-
« tude discontinue ne peut pas donner le droit de
« former l'action possessoire, c'est parce que la pos-
« session, dans cette matière, ne pouvant jamais
« conférer aucun droit à la propriété de la chose
« réclamée, elle est toujours censée précaire, et quelle
« manque par conséquent du caractère exigé par la
« loi : mais il n'en est pas de même lorsque cette
« possession est accompagnée du titre ; alors elle ne
« peut plus être l'effet d'une simple tolérance, ni
« être regardée comme précaire.

« Attendu que , si le juge chargé uniquement de
« statuer sur le possessoire ne peut pas juger défini-

---

(1) M. Poncet, *Traité des Actions*, n° 96.

« tivement sur la validité du titre, il peut néanmoins
« en ordonner provisoirement l'exécution, sous le
« rapport de la possession ; s'en servir pour juger du
« caractère de la possession, et accorder la jouissance
« provisoire à celui qui a une possession annale,
« accompagnée d'un titre, sous la réserve de tous les
« droits des parties au fond ... La cour rejette (1). »

Arrêt du 6 juillet 1812.

Cet arrêt offre, au nombre de ses motifs, les deux
sur lesquels s'appuie lui-même l'arrêt précité ; après
quoi il ajoute : « Considérant que cet effet du titre
« peut être détruit par la seule contestation sur sa
« validité, et qu'il appartient au juge de paix de
« juger le mérite de cette contestation, quant au fait
« de la possession ; ... la Cour casse (2). »

Arrêt du 29 novembre 1814.

La Cour de cassation attribue ici à une simple
convention supposée l'effet que, par les deux arrêts
précités, elle attribue à un *titre* formel : « Attendu
« ... que, s'agissant d'un sentier de simple exploitation,
« c'est moins une servitude *discontinue*, que l'exécu-
« tion d'une *convention supposée*, entre les proprié-

----

(1) Recueil de M. Sirey, tom. X, 1re part., p. 334
à 337.

(2) Même recueil, t. XIII, 1re part., p. 81 et 82.

« taires voisins pour la desserte de leurs fonds res-
« pectifs, pour laquelle on a pu intenter complainte ;
« .... rejette (1). »

Arrêt du 3o *novembre* 1818.

Il s'agissait d'une chose prescriptible, mais au
regard de laquelle, et attendu que chacune des parties avait fait des actes possessoires, le juge de paix
s'était cru autorisé à s'aider de l'examen des *titres* de
propriété.

« ... Attendu que, s'agissant de trouble dans la
« jouissance d'un objet susceptible de s'acquérir par
« la prescription, le juge de paix avait été régulière-
« ment saisi de la demande en complainte annale
« formée par Léonard Aubertie et consorts ; que, si
« ces particuliers ont prétendu que la possession dans
« laquelle ils demandaient à être maintenus provi-
« soirement avait tous les caractères requis par la
« loi, notamment que leur jouissance n'était pas à
« titre précaire, et qu'ils possédaient *animo domini,*
« ils n'ont pas néanmoins pris des conclusions pour
« être déclarés propriétaires, et n'ont conclu qu'au
« possessoire ; que c'est enfin sur le possessoire seu-
« lement que le juge de paix, se renfermant dans les
« limites de sa compétence, déterminé par les con-
« clusions des parties, a statué par son jugement

____

(1) Recueil de M. Sirey, t. XVI, 1ʳᵉ part., p. 225 et 226.

« définitif du 11 décembre 1815 ; qu'il suit de là
« qu'en annulant ce jugement pour cause d'incom-
« pétence, le tribunal civil de Riberac a commis un
« excès de pouvoir, et a expressément contrevenu
« tant à l'art. 10 du tit. 3 de la loi du 24 août 1790
« qu'à l'art. 23 du Code de proc. civ. ; ... casse (1).

Arrêt du 2 mars 1820.

Celui-ci non-seulement reconnaît au juge de paix
le pouvoir d'apprécier la possession par les titres ; il
lui en suppose même l'obligation.

« Considérant qu'il est vrai que la possession an-
« nale, en matière de servitude discontinue, ne peut
« former l'objet d'une complainte, puisque la posses-
« sion, quelque longue qu'elle fût, serait toujours ré-
« putée précaire, et ne pourrait établir une servitude
« de ce genre ; mais qu'il en est différemment, lorsque
« le demandeur en complainte se présente devant le
« juge de paix avec un titre d'où il prétend faire ré-
« sulter sa possession, et surtout lorsque, comme dans
« l'espèce, il soutient que ce titre établit la destina-
« tion du père de famille ; qu'alors le juge de paix ne
« peut pas se dispenser d'apprécier ce titre sous le rap-
« port de l'influence qu'il a pu avoir sur la possession que
« l'on allégue, afin d'admettre ou de rejeter, d'après cet

______

(1) Recueil de M. Sirey, t. XIX, 1re part., p. 206 et 207.

« examen, la complainte, et sauf tous les droits au
« pétitoire...; rejette (1). »

Arrêt du 17 mai 1820.

Cet arrêt consacre les mêmes principes que nous
avons vus consacrés par les arrêts précités des 24 juillet 1810, 6 juillet 1812, et 2 mars 1820.

« ... Attendu que des lois ci-dessus transcrites, »
(l'art. 10, tit. 3 de la loi du 24 août 1790 , et
l'art. 23 du Code de procédure civile) « il résulte
« que le possesseur d'une servitude, discontinue ap-
« parente ou non apparente, est recevable à intenter,
« devant le juge de paix, l'action possessoire, pourvu
« qu'il la forme dans l'année du trouble, et qu'il
« prouve qu'il possède à titre non précaire;

« Que, cette preuve ne pouvant être faite que par
« la représentation du titre, le juge doit en prendre
« connaissance sous le rapport de la possession, c'est-
« à-dire, pour juger si ce titre a pu autoriser le de-
« mandeur à posséder *animo domini* ; ...

« Qu'à l'égard du cas où le titre est contesté, de
« même que dans celui où la possession immémo-
« riale est déniée, le juge de paix peut, sous ce rap-
« port, renvoyer les parties au pétitoire ; mais que
« de la dénégation sur le titre, ... il ne résulte pas

---

(1) Recueil de M. Sirey, t. XX, 1 part., p. 243 et 244.

« que le juge de paix cesse d'être le seul juge com-
« pétent pour statuer sur l'action possessoire....
« casse (1). »

Autre arrêt du même jour, 17 *mai,* 1820.

Les motifs de cet arrêt sont tellement concluans,
qu'ils ne laissent rien à désirer pour l'éclaircissement
de la difficulté qui nous occupe:

« Considérant, *en droit,* que l'article du Code
« de procédure précité (l'art. 23), conforme aux
« lois anciennes, accorde l'action possessoire, dans
« l'année du trouble, à tous ceux qui étaient, de-
« puis un an au moins, en possession paisible, à titre
« non précaire, d'un héritage ou d'un droit réel ;

« Qu'il suit de là que le juge, saisi d'une action
« possessoire, doit nécessairement vérifier le carac-
« tère de la possession alléguée, et, à cet effet, exa-
« miner les *titres* pour déterminer la nature de cette
« possession ;

« Que cela est surtout indispensable lorsqu'il s'agit,
« comme dans l'espèce, d'une servitude discontinue,
« dont le caractère ne peut être justifié que par des
« titres ;

« Que si, dans l'examen qu'il fait, les titres lui
« paraissent établir clairement que la possession

____

(1) Recueil de M. Sirey, t. XX, 1re part., p. 273 à 276.

« n'est pas précaire, il doit accueillir l'action pos-
« sessoire ;

« Que si, au contraire, il pense que les titres ne
« font pas cesser la présomption de précaire, atta-
« chée par la loi à la jouissance d'une servitude dis-
« continue, soit parce qu'ils sont obscurs, soit parce
« qu'ils sont combattus par des moyens qui en ren-
« dent l'application douteuse, il doit, en exprimant
« son opinion à cet égard, rejeter l'action posses-
« soire ;

« Mais que refuser d'examiner les titres, par cela
« seul qu'ils sont contestés, c'est s'exposer à favoriser
« l'injustice, et violer la loi qui autorise l'action
« possessoire dans l'an du trouble, au profit de qui-
« conque a une possession annale, paisible, et non
« entachée de précaire. ... casse (1).

Arrêt du 21 décembre 1820.

Je ne cite cet arrêt, qui sera le dernier de ceux que
je rapporterai ici, qu'afin d'avoir occasion de faire observer que la Cour de cassation n'a point eu égard à
l'opinion manifestée d'abord, par M. A. Sirey dans son
recueil, à la suite de l'arrêt précité du 2 mars 1820,
puis développée par M. J. B. Sirey dans le même
recueil, en tête de l'exposé des faits qui ont donné

---

(1) Recueil de M. Sirey, t. XX, 1ᵉ part., p. 324 à 326.

lieu à l'arrêt du 17 mai 1820, la seconde des deux que j'ai cités sous cette même date.

« ... Attendu en droit, que si, dans l'action en « complainte, il n'est pas permis aux juges de faire « dépendre leur décision des titres de propriété et de « juger par-là le pétitoire, ou du moins le cumuler « avec le possessoire ; ils peuvent, en se décidant « toujours d'après la possession, telle qu'elle est « exigée par la loi, consulter les mêmes titres comme « simples indicateurs pour éclairer seulement le pos- « sessoire. .... rejette (1).

527. NOTE qui se réfère au n° 312 , *suprà.*

Après avoir établi que la représentation d'un titre fait disparaître la présomption de précaire dont la possession d'une servitude continue non apparente, ou d'une servitude discontinue apparente ou non , est légalement entachée ; après en avoir induit qu'une telle possession, lorsqu'elle se trouve ainsi légitimée, est caractérisée *animo domini*, et, par-là même, doit produire l'action possessoire (2) ; M. Poncet poursuit ainsi (3) :

---

(1) Recueil de M. Sirey, t. XXI, 1re part., p. 135 et 136.

(2) *Traité des Actions*, n° 96.

(3) Même *Traité* , n° 97.

« Les mêmes inductions s'appliquent au cas ou , à
« défaut d'un titre de propriété, le demandeur pourrait
« se prévaloir d'une *possession de trente ans , reconnue*
« *acquise antérieurement à la publication du Code ci-*
« *vil*, dans les pays où , comme en Bourgogne et
« autres provinces de droit écrit, les servitudes de tout
« genre s'acquéraient par la prescription : c'est ce qui
« résulte positivement de l'article 691 du Code civil ,
« et des principes de la matière suivant lesquels la
« prescription acquise équivaut à un titre, *habet vires*
« *constituti*. C'est aussi ce qui a été jugé implicite-
« ment par arrêt de la Cour de cassation, du 3 oc-
« tobre 1814 (1). »

L'espèce proposée ici par M. Poncet n'est-elle pas
purement imaginaire ? Car, peut-on supposer qu'un
défendeur qui , par le fait même du trouble ou de
la spoliation qu'on lui reproche, a fait assez voir qu'il
prétend à la franchise de son héritage , et n'est pas
même fort délicat sur les moyens de la reconquérir,
peut-on supposer, dis-je, que ce défendeur porte
jamais le désintéressement et la loyauté jusqu'à faire
un aveu où se trouve écrite sa condamnation, soit
au possessoire, soit sur la question de propriété ?
Assurément, l'on pourrait douter de la possibilité
d'un pareil aveu, si , pour celui dont il émane, il

----

(1) Recueil de M. Sirey, t. XV, 1re part. , p. 145.

devait avoir des conséquences aussi funestes ; mais de telles conséquences n'en découlent pas nécessairement ; le défendeur à l'action possessoire peut, en convenant que la servitude réclamée a été acquise par prescription sur son héritage, soutenir que, soit par titre, soit de toute autre manière, il s'en est rédimé, ou en a été affranchi ; et le juge de paix se trouvera dès lors saisi de la question de savoir lequel, eu égard à toutes les circonstances de la cause, doit possessoirement l'emporter, ou du demandeur qui se prévaut d'une prescription avouée, ou du défendeur qui se prévaut d'une libération opérée, soit par titre, soit autrement.

528. Note qui se réfère au n° 312, *suprà*.

1° Telle est la doctrine professée par M. Henrion de Pansey, dans une dissertation trop étendue pour que je me permette de la rapporter ici, trop serrée de raisonnement pour que je puisse la morceler sans l'affaiblir (1).

2° Telle est aussi la jurisprudence de la Cour de cassation, attestée par un arrêt tout récent dont voici les motifs :

« Attendu que la possession ne donne lieu à l'action

---

(1) Voy. *Compétence des Juges de paix*, chap. 43, § 7, p. 428 à 437 des 4ᵉ et 5ᵉ édit. ; 436 à 445 de la 6ᵉ.

« possessoire qu'autant qu'elle est capable de faire
« acquérir la propriété par la prescription, que les
« servitudes discontinues ne peuvent s'acquérir par
« la prescription, ni par conséquent leur possession
« donner lieu à la complainte; qu'on ne peut juger
« le contraire, sous prétexte qu'elles se trouvaient
« acquises avant le Code, par la prescription, d'après
« l'usage local, et qu'on ne peut attaquer celles
« déjà acquises avant cette loi, par la possession,
« dans les pays où elles pouvaient s'acquérir de cette
« manière, parce que *cette prescription*, *étant incer-*
« *taine et en contestation*, ne peut donner lieu qu'à
« l'action pétitoire, et que le juge de paix n'étant
« compétent que pour juger le possessoire, ne peut
« le vérifier et constater pour en faire l'application
« au possessoire, sans excéder sa compétence en pré-
« jugeant le pétitoire. ... casse (1). »

3° Faisons l'hypothèse inverse à celle discutée par
M. Henrion de Pansey, et jugée par l'arrêt précité ;
supposons qu'on veuille exercer l'action possessoire
au sujet d'une servitude prescriptible depuis le Code
civil, mais imprescriptible avant que ce Code ait
été promulgué (hypothèse qui doit se rencontrer
fréquemment dans les pays où, comme ceux autre-

---

(1) Recueil de M. Sirey, t. XXIII, 1ʳᵉ part., p. 430 à
432.

fois régis par la coutume de Paris (1), nulle servitude ne pouvait s'acquérir sans titre); y sera-t-on
recevable ?

Au premier coup d'œil, il semble que l'affirmative
soit incontestable ; le Code civil ayant effacé le vice
d'imprescriptibilité qui entachait la possession d'une
pareille servitude, et mettait obstacle à ce que cette
possession produisît l'action possessoire.

Toutefois, et après y avoir bien réfléchi, la négative me paraît s'appuyer sur des raisons plus
solides.

En effet, on a vu précédemment (2) que vainement on prétendrait à l'exercice de l'action possessoire au sujet d'une servitude même prescriptible,
si l'on avouait que la prescription n'en est pas accomplie. Or, lorsqu'il résulte invinciblement de la
combinaison des textes invoqués et de leur application à l'espèce ; 1° que la servitude n'est devenue
susceptible de s'établir par prescription que du moment où le Code civil est devenu exécutoire (3) ;
2° que le délai requis, par ce Code, pour cette sorte
de prescription est de trente années (4) ; 3° enfin,

-----

(1) Voy. l'article 186 de cette Coutume.

(2) Voy. *suprà*, n° 307.

(3) Articles combinés, 186 de la Coutume de Paris, par
exemple, et 690 du Code civil.

(4) Art. 690 du Code civil.

que trente années ne se sont point encore écoulées depuis la promulgation de ce même Code (1) ; ne reste-t-il pas matériellement démontré que la prescription n'est pas accomplie, et qu'en conséquence on ne peut être reçu à exercer l'action possessoire à la faveur d'une prescriptibilité qui, n'ayant pu conférer encore aucun droit, ne peut donner lieu encore à aucune présomption de propriété (2)?

529. Note qui se réfère aux n°s 321 et 323, *suprà*.

« Que celui qui a été dépouillé doive être réin-
« tégré dans l'espèce de possession qu'il avait, et
« qu'a eu tort de lui enlever le spoliateur qui n'y
« avait aucun droit, point de difficulté ; ... c'est le
« cas de l'action possessoire improprement dite...

« Mais, s'il a été reconnu dans l'instance qu'il
« n'était pas véritable possesseur, et qu'au contraire
« c'est le spoliateur qui l'était, a-t-on pu juger
« équitablement que le dépouillé reprendrait cette

______

(1) On voit que la solution que je propose ici n'est que transitoire, et qu'elle cessera d'être applicable sitôt que trente années se seront écoulées depuis la promulgation du Code civil.

(2) Voy. *suprà*, n° 141.

« possession qu'il n'avait pas ? Non, sans doute. Sup-
« posons donc, par exemple, qu'un légitime posses-
« seur troublé dans sa possession, au lieu de se
« pourvoir en complainte, ait usé de violence pour
« faire cesser le trouble. Qu'a-t-il fait en cela ? Deux
« choses : il a repris la libre possession qui lui ap-
« partenait justement ; il serait injuste de l'en priver.
« Il a usé de violence, et s'est rendu justice à lui-
« même ; il doit, pour ce fait, à son adversaire une
« réparation et des dommages-intérêts. Ainsi on aura
« eu raison de le condamner à ces dommages-intérêts,
« mais on n'aura pas dû le condamner à restituer
« une possession qui est à lui, et non pas à son ad-
« versaire (1). »

530. NOTE qui se réfère au n° 333, *suprà*.

« Nous terminerons ce chapitre par observer qu'il
« y a un cas où le juge de paix a incontestablement
« le droit de statuer en dernier ressort sur une de-
« mande en complainte possessoire : c'est celui où
« le demandeur conclut à ce qu'il soit fait défense
« au défendeur de plus à l'avenir le troubler dans sa
« possession, si mieux il n'aime lui donner une somme
« de 40 livres ; ces conclusions fixant à 40 livres la

---

(1) *Voy*. M. Poncet, *Traité des Actions*, n° 62.

« valeur de l'objet litigieux, il est clair que la dispo-
« sition qui dit, le juge de paix connaît sans appel
« jusqu'à la valeur de 5o livres, etc., s'applique à cette
« espèce (1). »

531. NOTE qui se réfère au n° 338, *suprà*.

Pour rendre hommage à la vérité, je dois avertir
que M. Henrion de Pansey avance cette étrange
assertion, non pas, il est vrai, dans l'endroit précité
de sa *compétence* (2), mais bien dans un autre endroit
du même ouvrage (3), assertion, au reste, qui trouve
une réfutation suffisante au chapitre troisième du
présent titre, où je crois avoir victorieusement com-
battu la différence que, sous le rapport de la saisine,
cet auteur propose d'établir entre la complainte et
la réintégrande.

532. NOTE qui se réfère au n° 353, *suprà*.

L'article 645 du Code civil est ainsi conçu :
« S'il s'élève une contestation entre les proprié-

____

(1) *Voy.* M. Henrion de Pansey, à la fin du chap. 5o, de
la *Compétence des Juges de paix*, p. 495 et 496 des 4ᵉ et
5ᵉ édit.; 5o3 de la 6ᵉ.
(2) Pag. 232 , 2ᵉ alinéa.
(3) Pag. 488 , 2ᵉ alinéa des 4ᵉ et 5ᵉ édit. ; 495, 6ᵉ alinéa
de la 6.

« taires auxquels des eaux peuvent être utiles, les
« tribunaux, en prononçant, doivent concilier l'in-
« térêt de l'agriculture avec le respect dû à la pro-
« priété ; et, dans tous les cas, les règlemens parti-
« culiers et locaux sur le cours et l'usage des eaux
« doivent être observés. »

On voit que ce n'est point pour le juge de paix
jugeant au possessoire, mais bien pour les tribunaux
ordinaires jugeant au pétitoire, qu'a été fait cet article ; ce qui n'empêche pas que le juge de paix ne
doive s'en pénétrer, afin de l'appliquer, du moins
possessoirement, et de la même manière dont il
applique les titres de propriété (1).

533. Note qui se réfère au n° 359, *suprà*.

« *Et bellè Sextus Pedius definit, triplicem esse causam operis novi nunciationis : aut naturalem, aut publicam, aut imposititiam.*

« Naturalem, *cùm in nostras œdes aliquid immit-
titur, aut œdificatur in nostro.*

« Publicam *causam, quoties leges, aut senatuscon-
sulta, constitutionesque principum, per operis novi
nunciationem tuemur* (2).

____

(1) Voy. *suprà*, n°^s 311, 321.

(2) Cette seconde cause n'est pas dans nos mœurs, at-

« Imposititiam, *cùm quis, posteaquàm jus suum diminuit, alterius auxit, hoc est posteaquàm servitutem œdibus suis imposuit, contrà servitutem fecit* (1). »

534. NOTE qui se réfère au n° 362, *suprà*.

« *Ità tamen ex causá servitutis meo prædio debitæ opus novum nunciare in suo prædio œdificanti potero ; si jus servitutis quod habeo, principaliter consistat in jure prohibendi quominùs is œdificet : puta, si is qui in suo œdificat, mihi debeat servitutem altiùs non tollendi, vel non officiendi luminibus. Ex quâvis autem aliá servitutis causá, non potest is cui servitus debetur, nunciare novum opus domino in suo œdificanti ; et si id quod œdificat, indirectè servituti noceat :* v. g. *qui viam habet, si opus novum nunciaverit adversùs eum qui in viâ œdificat, nihil agit. Sed servitutem vindicare non prohibetur* (2). »

---

tendu que l'action publique, qui chez les Romains appartenait à tous, chez nous n'appartient qu'à certains fonctionnaires que la loi désigne. (*Voy.* n°ˢ 432 à 435, *suprà.*)

(1) L. 5, § 9, ff. *de operis novi nunciatione.*

(2) Pothier, *ad Pand.*, Lib. **xxxix**, tit. 1, art. 1, § 2, n° 8.

535. Note qui se réfère au n° 363, *suprà*.

Pour autoriser la continuation des ouvrages, le cautionnement devait être, non-seulement offert par le constructeur, mais encore accepté par le dénonciateur : car, si celui-ci n'acceptait pas le cautionnement offert, mais se disait prêt à déduire ses preuves, il obtenait, à cet effet, un délai de trois mois, avant l'expiration duquel le constructeur ne pouvait passer outre à la continuation des ouvrages : « *opus novum si nuncietur alicui, non permittitur ei ædificare, etiam si velit satisdare de opere demoliendo, nisi satisdationem nunciator acceperit : quia tunc posset statim ædificare ; sed si nollet recipere satisdationem, sed dicat se incontinenti probare paratum esse, debet audiri, et expectandus est per tres menses ; et posteà si non probaverit, poterit ille ædificare, oblatâ satisdatione* (1). »

536. Note qui se réfère au n°ˢ 387 et 390, *suprà*.

« Qu'est-ce que contester le fond du droit ?
« Suffit-il au propriétaire de dire séchement : Je

------

(1) Grande glose, *ad*, L. un., c. *De novi operis nunciatione*, au mot *impedimentum*.

« conteste le fond du droit ; je ne dois point l'indem-
« nité ; mon fermier n'est pas fondé à en exiger ; ou
« bien, les dégradations qu'il prétend avoir entravé
« la jouissance n'existent pas ?

« Pour peu que l'on réfléchisse, on sent que telle
« ne peut pas être l'intention de la loi. En effet, ce
« serait lui faire dire que le fermier qui réclame une
« indemnité pour non-jouissance citera le proprié-
« taire devant le juge de paix ; mais qu'il sera libre
« au propriétaire de reconnaître ou de décliner sa
« juridiction, suivant son caprice ou son intérêt.
« Jamais la loi n'a parlé un pareil langage.

« Quelle doit donc être la défense du propriétaire,
« pour que l'on puisse dire que le fond du droit est
« contesté dans le sens de la loi que nous exami-
« nons ?

« Je crois que, pour qu'il y ait lieu au déclina-
« toire, il faut que la défense du propriétaire soit
« telle, qu'elle forme une fin de non-recevoir contre
« la demande du fermier, c'est-à-dire qu'il lui ré-
« ponde : *telle est la nature des engagemens que j'ai*
« *contractés avec vous, telles sont les clauses de votre*
« *bail, que, quand même vous n'auriez pas joui inté-*
« *gralement, ou que votre jouissance serait suspendue*
« *pendant un temps plus ou moins long, je ne vous*
« *dois aucun dédommagement.*

« Alors le procès présente à juger une question
« d'interprétation d'actes, problème dont la solution

« exige le rapprochement des différentes clauses du
« bail, et l'application des lois sur l'interprétation
« des conventions ; et c'est ce que la loi n'a pas
« voulu soumettre aux juges de paix (1). »

537. Note qui se réfère au n° 394, *suprà*.

« Vu l'article 10, titre 3 de la loi du 24 août 1790,
« et l'article 3 du Code de procédure civile ; — At-
« tendu, 1° qu'il résulte des textes de lois ci-dessus
« cités que les juges de paix sont seuls compétens
« pour statuer sur les faits de dégradations allégués
« par les propriétaires contre leurs fermiers ; — At-
« tendu, 2° que, dans l'espèce de la cause, un des
« chefs de demande sur lesquels le juge de paix avait
« statué, avait pour objet *des divertissemens de foins*
« *et pailles, ainsi que des ensemencemens de terre*
« *sans fumier, ce qui constituait bien évidemment*
« *des dégradations dont ce juge avait droit de con-*
« *naître.* D'où il suit que le tribunal de Poitiers, en
« décidant qu'aucun des chefs de la demande sur
« lesquels ce juge avait statué, n'était de sa compé-
« tence, et ayant renvoyé pour le tout les parties à
« se pourvoir devant les juges ordinaires, a formel-

---

(1) *Voy*. Henrion de Pansey, p. 336 et 337.

« lement contrevenu aux textes de lois ci-dessus
« cités ; ... casse (1). »

538. Note qui se réfère au n° 395, *suprà*.

A l'appui de cette doctrine, M. Henrion de Pansey cite un arrêt de la Cour de cassation dont il expose ainsi l'espèce :

« La veuve Neslet prétendait que des dégradations
« avaient été faites sur des fonds dont elle avait la
« nue-propriété, et dont le sieur Bourgaud avait
« l'usufruit. Assimilant ce dernier à un fermier ou
« locataire, elle avait fait citer ses héritiers devant
« le juge de paix, pour raison des dégradations par
« elle alléguées. Les héritiers avaient décliné la juri-
« diction du juge de paix, sur le motif que l'attribu-
« tion aux justices de paix, contenue en l'article 10,
« titre 3 de la loi du 24 août 1790, et en l'article 3
« du Code de procédure civile, limitée aux actions
« des propriétaires *contre leurs fermiers*, ne pouvait
« s'étendre aux *usufruitiers* ; néanmoins le juge de
« paix ... avait retenu la cause ; et, sur l'appel, le
« tribunal civil d'Avranches avait reconnu la com-
« pétence du juge de paix.

______

(1) Recueil de M. Sirey, t. XX, 1re part., p. 326 et 327.

« Ces deux jugemens furent cassés par arrêt de la
« Cour de Cassation du 10 janvier 1810 (1)... »

Les motifs de cet arrêt sont très-développés ; les
voici tels que M. Sirey les rapporte (2) :

« Vu l'article 3 du titre 10 de la loi du 24 août 1790,
« et l'article 3 du Code de procédure civile ; — et
« attendu que ce n'a été que par exception à la règle
« générale que ces articles ont attribué compétence
« au tribunal de paix, pour connaître des dégrada-
« tions alléguées par le propriétaire contre ses fer-
« miers et locataires ; et que, l'ordre des juridictions
« étant de droit public, en matière de compétence
« surtout, elles doivent être restreintes dans les
« bornes que le législateur leur a tracées ; — qu'en
« contravention à ces principes universellement re-
« connus et incontestables, le tribunal de paix du
« canton de la Haie, par son jugement du 22 juil-
« let 1807, et le tribunal civil d'Avranches, par celui
« confirmatif du 26 avril 1808, se sont retenu la
« connaissance de la demande formée par la veuve
« Nelle (3), en sa qualité de propriétaire, contre les

______

(1) Voy. *Compétence des Juges de paix*, p. 337, 338.

(2) *Voy.* son recueil, t. X, 1re part., p. 97 et 98 ; et
t. XX, 1re part., p. 497 et 498.

(3) *Nelle* et non pas *Neslet*, ainsi que l'appelle M. Henrion de Pansey, dans le narré des faits qu'on vient de
lire.

« réclamans, en celle d'héritiers de l'usufruitier,
« pour cause de prétendues dégradations alléguées
« par la veuve Nelle, dans la supposition qu'il y avait
« même raison de décider en pareil cas, tant au re-
« gard de l'usufruitier qu'à l'égard des fermiers et
« locataires ; — que le tribunal de paix, et, sur l'ap-
« pel de sa sentence, le tribunal civil d'Avranches,
« n'ont pu le décider de la sorte sans commettre
« un excès de pouvoir, sans faire une fausse applica-
« tion des lois de la matière, et sans violer les règles
« de leur compétence ; qu'en effet, la jouissance
« de l'usufruitier ne se régit pas d'après les mêmes
« règles que celle des fermiers et locataires ; que,
« dans le cas de dégradations alléguées par le pro-
« priétaire contre ses fermiers ou locataires, il n'y a
« qu'un simple point de fait à examiner, celui de
« savoir si les dégradations alléguées existent réelle-
« ment ou non ; — qu'il n'en est pas de même lors-
« qu'il y a demande formée par le propriétaire contre
« l'usufruitier ; que celui-ci peut prétendre qu'en
« sa qualité d'usufruitier, il a eu le droit de jouir
« comme il l'a fait ; ce qui donne lieu d'examiner une

Cette différence de noms, supposé qu'elle ne fut pas le
fruit de l'erreur, ne prouverait autre chose, sinon que deux
fois la Cour de cassation aurait prononcé sur la question
qui nous occupe, et deux fois, dans le même sens ; en sorte
qu'au lieu d'un arrêt à l'appui du principe invoqué, nous
en aurions deux.

« question de droit, qui rentre nécessairement dans
« la compétence des tribunaux ordinaires; que,
« d'autre part, l'usufruitier peut avoir des demandes
« réconventionnelles et accessoires à former pour
« cause d'améliorations ou autres quelconques, sur
« lesquelles le tribunal de paix n'aurait aucune com-
« pétence pour statuer; de sorte que, s'il pouvait se
« retenir la connaissance de la demande formée
« pour cause de dégradations, il en résulterait que
« les parties, pour les mêmes faits, devraient aller
« plaider simultanément dans deux tribunaux diffé-
« rens; — que les lois citées n'ont pas, sans de puis-
« sans motifs, restreint la connaissance des tribunaux
« de paix aux demandes formées par le propriétaire
« contre ses fermiers et locataires, au lieu de l'avoir
« étendue aux usufruitiers et à tous autres, qui
« auraient joui de l'immeuble prétendu dégradé; que
« ces motifs, quels qu'ils soient d'ailleurs, doivent
« être respectés; que les tribunaux ne doivent pas
« se croire plus sages que la loi; qu'ils ne peuvent
« s'attribuer une juridiction que le législateur leur a
« refusée, en ne la leur accordant pas d'une manière
« formelle, lorsque cette juridiction leur est inter-
« dite par les principes généraux de la matière... casse.

539. NOTE qui se réfère au n° 408, *suprà*.

La Cour de cassation l'a ainsi décidé par arrêt du

22 frimaire an ix, dont voici l'espèce, les motifs, et le dispositif tels que M. Sirey les rapporte dans son recueil (1) :

« La veuve Arnaudet avait été au service du sieur « Perrin. Après la mort de son maître, elle réclama « de ses héritiers, 1° le montant des gages qui lui « étaient dus, 2° la *restitution de différens effets qui* « *lui étaient personnels*, 3° le *paiement d'un billet* « *de* 900 *livres* que le défunt avait souscrit à son « profit.

« Le juge de paix du canton de Pernes, saisi de « toutes ces demandes, prononça comme juge de « première instance.

« Appel de la part des héritiers Perrin devant le « tribunal civil de Vaucluse.

« Ils ont prétendu que l'article 10, titre 3 de la loi « du 24 août 1790, qui attribue aux juges de paix « la connaissance des contestations relatives aux en- « gagemens respectifs des maîtres et des domestiques, « ne s'appliquait qu'aux *engagemens qui avaient* « *un rapport direct à l'état de domesticité*; que cette « exception à la règle générale ne pouvait s'étendre « aux billets ou obligations qui, quoique contractés « par des maîtres envers leurs domestiques, n'en « restaient pas moins sous l'influence du droit com- « mun.

---

(1) T. 1er, p. 639 du supplément.

« Par jugement du 7 pluviôse an VIII, le tribunal
« annula le jugement du juge de paix pour vice
« d'incompétence.

« La dame Arnaudet se pourvut en cassation pour
« contravention à l'article 10, titre 3 de la loi
« du 24 août 1790.

« Le tribunal (1), attendu que l'article 10 du titre 3
« de la loi du 24 août 1790 ne donne, aux juges de
« paix, de compétence pour prononcer sur les enga-
« gemens respectifs des maîtres et des domestiques,
« *qu'autant que ce qui est réclamé à titre de sembla-*
« *bles engagemens tient nécessairement aux rapports*
« *de domesticité....* rejette. »

540. Note qui se réfère au n° 462, *suprà.*

On ne peut trop s'étonner de voir l'auteur d'un
ouvrage ayant pour titre *l'Indicateur des juges de
paix* (2) soutenir également l'une et l'autre de ces
deux propositions qui se heurtent mutuellement, à

---

(1) La Cour de cassation conservait encore le nom générique de *Tribunal*, nom qu'elle tenait de la loi de sa création (la loi du 1er décembre 1790, art. 1er), et qu'elle n'a
échangé pour celui de *Cour*, qu'en vertu de l'art. 136 du
sénatus-consulte organique du 28 floréal an XII.

(2) Paris, 1813.

savoir : que la prorogation contractuelle est possible sous le rapport de la valeur (1), et que, sous celui du degré, elle est impossible (2). M. Henrion de Pansey n'est point tombé dans une pareille méprise : il a senti toute l'influence que la première de ces deux prorogations devait produire sur la seconde, et n'a pas manqué de conclure de l'une à l'autre. Ainsi, après avoir établi en principe (principe qu'au surplus je n'admets pas) (3), que le juge de paix peut être autorisé, par les parties, à les juger, en matière purement personnelle et mobilière, au-dessus de cent francs, il n'hésite pas à décider que ce juge peut l'être aussi à les juger, souverainement et sans appel, au-dessus de cette valeur (4).

-----

(1) « Les parties, se présentant ainsi volontairement, « peuvent aussi, par réquisition expresse, proroger la « juridiction du juge de paix sur un objet qui ne sort de sa « compétence qu'à raison de sa valeur. » P. 112, 3ᵉ alinéa.

(2) « Il ne peut (le juge de paix), dans le cas de comparution volontaire des parties, et encore qu'elles le requerraient expressément,... juger en dernier ressort « les contestations en matière personnelle et mobilière excédant la somme de cent francs. » *Ibid.*, 4ᵉ et 5ᵉ alinéas.

(3) *Voy.* n° 467 à 472, *suprà*.

(4) « Il nous reste un point à examiner. La *prorogation* « *volontaire* peut-elle avoir lieu *pour le dernier comme* « *pour le premier ressort?* Par exemple, lorsqu'un juge

(295)

541. Note qui se réfère au n° 467 , *suprà.*

« La règle générale est que l'on ne peut proroger la
« juridiction d'un juge incompétent par soi , qu'au-
« tant que ce juge est investi d'une autorité qui lui
« donnerait le droit de connaître de l'objet litigieux
« entre ses propres justiciables (1). »

542. Note qui se réfère au n° 472 , *suprà.*

On nous saura gré , sans doute , de rapporter ici

« ne tient de la loi que le pouvoir de prononcer en pre-
« mière instance, ou qu'il n'est autorisé à statuer en der-
« nier ressort que jusqu'à une certaine somme , les parties
« peuvent-elles, en se soumettant à sa décision, pour une
« somme supérieure, lui conférer le droit de la juger sou-
« verainement et sans appel ?
« Cette seconde espèce de prorogation me paraît être
« une suite très-naturelle de la première. En effet , après
« m'avoir permis de substituer un juge de mon choix à ce-
« lui qu'elle me donne , par quel motif la loi me défendrait-
« elle de renoncer à l'appel du jugement qui doit intervenir?
« *Le premier pas était plus difficile à franchir que le se-*
« *cond...* » Chap. 7, p. 56 , 2° et 3° alinéas.

(1) Voy. *Répertoire de jurisprudence* , 4° édit., au mot
Hypothèque, sect. 2, §. 2 , art. 4, p. 834, 1re col., 5e alinéa.

une dissertation très-approfondie, insérée, à ce sujet, dans les cahiers dictés par M. Poncet, à la faculté de droit de Dijon, en l'année 1811 (1).

« ... Sous le rapport de la valeur ou de la quotité « de la demande, la juridiction... du juge de paix... « est-elle prorogeable?

« Pour l'affirmative, on dit :

« Que, si l'article 7 du Code de procédure civile, « n'autorise pas expressément la prorogation, il ne s'y « oppose pas non plus.

« Qu'il n'y a pas plus d'inconvénient à cette proro- « gation, qu'à celle de la juridiction *ratione personœ* « *aut sitûs rei.*

« Que la prorogation est favorable, en général, « comme tendant à simplifier et abréger les procès.

« Que le juge de paix, étant compétent jusqu'à « cent francs, a déjà, par ce moyen, le germe de la « juridiction, qu'en conséquence les parties ne lui « donnent pas une nouvelle compétence, mais éten- « dent seulement celle qu'il a reçue de la loi.

« Que les lois romaines et les docteurs font, sur la « prorogation, une distinction importante entre les « tribunaux établis pour juger jusqu'à un certain « genre de causes, et ceux établis pour juger jusqu'à « une certaine quotité ; les premiers ne pouvant ja-

______

(1) *Voy.* la partie de ces cahiers intitulée *Notions préli-minaires*, chap. 4, sect. 6, § 5 1°.

« mais excéder les limites de la matière qui leur est
« attribuée, et les autres le pouvant, au contraire
« quand les parties y consentent.

« Qu'il n'y a aucune raison pour ne pas appliquer
« ici cette distinction.

« Enfin que telle est la dernière jurisprudence de
« la Cour de cassation sur ce point de droit. »

Malgré toutes ces raisons et ces autorités, je pense
qu'il faut se décider pour la négative.

« Mes raisons sont :

« 1° Que le silence de l'article 7 du Code judi-
« ciaire ne peut s'expliquer ici que comme une ex-
« clusion ; vu que, suivant l'opinion de tous les
« publicistes et de tous les jurisconsultes, les con-
« cessions de la loi, en matière d'organisation, et
« surtout de gouvernement, sont essentiellement
« limitatives.

« 2° Que les lois romaines, et la distinction des
« docteurs, sont non-seulement étrangères, mais
« encore contraires à nos principes de droit public
« sur la démarcation des pouvoirs ; le droit romain
« laissant aux parties, en fait de prorogation, une
« latitude entièrement incompatible avec nos règles
« constitutionnelles, et l'article 1041 du Code ju-
« diciaire ayant abrogé toutes lois et usages relatifs
« aux matières que contient ce Code.

« 3° Que l'esprit de l'institution des juges de paix

« s'oppose essentiellement, soit à ce qu'on soumette
« à leur décision des questions autres que celles qui
« leur sont spécialement attribuées, des questions
« de droit commun, dont la loi n'a entendu confé-
« rer l'examen qu'aux tribunaux ordinaires, et sui-
« vant les règles et les formes ordinaires ; soit à ce
« qu'on étende des juridictions déjà très-chargées
« par elles-mêmes, et qu'on multiplie arbitrairement
« les fonctions de juges qui en ont d'autres, beaucoup
« plus importantes, auxquelles ils se doivent tout
« en tiers.

« 4° Que la prétendue jurisprudence de la Cour de
« cassation ne consiste qu'en deux arrêts seulement;
« l'un du 3 frimaire an ix (1), suivi d'un autre tout
« contraire, en date du 27 juin 1808 (2); le second,
« du 10 janvier 1809 (3), qui est à peine motivé ;

---

(1) *Voy.* le recueil de M. Sirey, t. Ier, colonne 640e et
suiv. du supplément.

(2) *Voy.* le même recueil, t. VIII, 1re part., p. 532 et
suiv.

A cet arrêt du 22 juin 1808 on peut joindre ceux des
14 germinal an xii, 7 avril et 22 octobre 1807, qui déjà
avaient statué dans le même sens (comme on peut le voir
au recueil précité, t. IV, 2e part., p. 110, 111, et t. VIII,
1re part., p. 110, 111.

(3) *Voy.* même recueil, t. IX, 1re part., p. 170 et suiv.

« mais qu'à tout prendre, la jurisprudence, même la
« plus prononcée, ne pourrait l'emporter sur une
« loi prohibitive d'ordre public.

« 5° Que malgré la faveur que mérite, en général,
« la prorogation, il y a beaucoup d'inconvéniens
« à l'admettre dans les cas où la loi l'exclut par des
« raisons évidentes d'ordre et d'organisation géné-
« rale.

« 6° Enfin qu'il n'y a aucun rapport entre la com-
« pétence personnelle et celle de quotité ; cette der-
« nière étant véritablement matérielle : ce qui écarte
« toutes les raisons d'analogie que l'on voudrait faire
« valoir en faveur de la prorogation. »

543. Note qui se réfère au n° 474, *suprà.*

Observons toutefois, avec M. Poncet (1), que
« cette nullité n'opère pas chez nous de plein droit,
« comme elle le faisait chez les Romains (2); car
« c'est un principe établi de toute ancienneté en
« France, que *les voies de nullité n'y ont pas lieu,*

____

(1) Cahiers dictés en 1811, *Notions préliminaires,* chap. 4,
sect. 1re.

(2) *Extra territorium jus dicenti impunè non paretur...* »
L. 20, ff. *de jurisdictione.*

« c'est-à-dire, qu'aucun acte de l'autorité, quel qu'il
« soit, ne peut être annulé que par un acte exprès
« de l'autorité supérieure et compétente, vu qu'il
« n'est permis à personne de se rendre justice. »

544. Note qui se réfère au n° 476, *suprà*.

Cet arrêt, rendu sous la présidence de M. Henrion
de Pansey (1), pourrait paraître peu d'accord avec
la doctrine professée par ce savant magistrat (2),
« qu'aujourd'hui le juge ordinaire qui statuerait sur
« une contestation déférée, par les lois nouvelles,
« aux tribunaux de commerce ou aux juges de paix,
« ne pourrait pas dire comme autrefois : J'avais ori-
« ginairement le droit d'en connaître, et le retour
« à l'état primitif est toujours favorable. »

Mais il faut observer, en premier lieu, que la
raison de connexité, qui motive cet arrêt, a dû paraître d'autant plus concluante à M. Henrion de
Pansey, que lui-même a consacré un chapitre de sa

---

(1) *Voy.* le recueil de M. Sirey, tom. XXI, 1ᵉ part.
p. 112.

(2) Voy. *Compétence des juges de paix*, p. 46, lig. 6,
et suiv.

(3o1)

Compétence (1), à prouver que la complainte, formée par le défendeur à une demande en revendication, devrait être portée, non devant le juge de paix, mais devant le tribunal saisi de la contestation sur le fond du droit.

Il faut observer, en second lieu, que, par un autre arrêt, rendu pareillement sous la présidence de M. Henrion de Pansey (2), la Cour de cassation, contrairement à l'exception proposée au 54ᵉ chapitre de la *Compétence*, et, par suite, conformément à la règle enseignée à la page 46 du même ouvrage, a décidé que la complainte, formée par le défendeur à une demande en revendication, pouvait être portée devant le juge de paix. En sorte que la jurisprudence demeure flottante entre l'une et l'autre de ces deux doctrines.

S'il nous fallait faire un choix, nous opterions, pour la règle, attendu que les considérations d'ordre public sur lesquelles elle s'appuie, doivent l'emporter sur les considérations d'intérêt privé sur lesquelles l'exception nous paraît uniquement s'appuyer.

---

(1) Le 54ᵉ.

(2) *Voy.* le recueil de M. Sirey, t. XVIII, 1ᵉ part., p. 400 et 401.

(302)

545. Note qui se réfère au n° 493, *suprà*.

« ... Puisqu'un juge de paix peut, entre parties
« *expressément* consentantes, prononcer sur toute
« espèce d'affaires civiles, à quelque valeur qu'en
« puisse monter l'objet, il n'y a nulle raison pour
« qu'il ne puisse pas également le faire entre parties
« qui ont reconnu et adopté sa compétence, en
« formant devant lui le contrat judiciaire qui résulte
« de la contestation en cause (1). »

Si, argumentant ici d'une espèce particulière de
prorogation contractuelle (2), qu'il croit permise, et
que nous avons soutenu être prohibée (3), M. Merlin pense avoir le droit de conclure que la même
espèce de prorogation quasi-contractuelle est également permise, qui pourra nous contester celui d'ar-
gumenter d'une espèce particulière de prorogation
contractuelle (4) incontestablement permise, puis-

------

(1) M. Merlin, *Questions de droit*, au mot *Prorogation
de juridiction.* § 1er, quatrième alinéa.

(2) Celle sous le rapport de la valeur.

(3) *Voy.* n°s 467 à 472, *suprà*.

(4) Celle sous le rapport du domicile.

(3o3)

qu'elle est appuyée sur le texte même de la loi (1),
pour conclure que la même espèce de prorogation
quasi-contractuelle est permise également (2)?

546. Note qui se réfère au n° 498, *suprà*.

« *Si mutuæ sunt actiones, et alter minorem quantitatem, alter majorem petat, apud eumdem judicem
agendum est ei qui quantitatem minorem petit : ne in
potestate calumniosâ adversarii mei sit, an apud eumdem litigare possim* (3). »

A la place du mot *minorem*, qui deux fois se
trouve dans cette loi, on peut, disent les auteurs de
la grande Glose (4), substituer, sans altérer le sens,
le mot *majorem* ; pourvu, bien entendu, que, réci-

------

(1) *Voy.* n° 464, *suprà.*

(2) Peut-être trouvera-t-on cette manière de raisonner,
employée ici par M. Merlin, et par moi, à son exemple,
fort analogue avec celle que je me suis permis de critiquer
dans M. Henrion de Pansey, au n° 491, *suprà.* Je ne dis-
conviens pas de l'analogie, je m'en prévaux même, puisqu'elle offre la preuve que, pour combattre mon adversaire,
je me sers ici de ses propres armes.

(3) L. 11. § 1, ff. *De juridictione.*

(4) L. 11, § 1, ff. *De juridictione.*

proquement, au mot *majorem* qui s'y trouve aussi,
on substitue le mot *minorem* : « *Si habes* minorem,
*dic me egisse sub præside in quingentis : tu vis me re-
convenire (reconventione forum sortimur, et legitimum
facimus quod aliàs legitimum non erat) sub defensore in
quinquaginta; non potes; imò in utroque erimus sub
præside. — Si habes* majorem, *dic quod priùs egi ad
quinquaginta sub defensore : sed si vis me reconve-
nire sub præside in quingenta, non potes (reconventio fit in inventum) : imò defensor de utroque ju-
dicabit.* »

547. Note qui se réfère au n° 499, *suprà.*

« La compensation n'étant autre chose qu'une
« exception contre la demande originaire, doit être
« proposée devant le tribunal saisi de cette de-
« mande.

« La chose est sans difficulté, lorsque le tribunal
« a le droit de connaître indéfiniment de toutes les
« actions. Mais en sera-t-il de même si sa compé-
« tence est bornée à une certaine somme? Par exemple,
« le demandeur s'est pourvu devant le juge de paix,
« et y a conclu au paiement d'une somme de 5o francs :
« le défendeur reconnaît devoir cette somme ; mais
« *il se prétend lui-même créancier de son créancier*

« *de* 100 *francs, ou, si l'on veut, d'une somme plus*
« *considérable*, et demande la compensation jusqu'à
« due concurrence. Le demandeur originaire s'y re-
« fuse ; le juge de paix statuera-t-il sur ce différend ?
« ou renverra-t-il les parties devant les juges ordi-
« naires ?

« Ces deux sommes réunies excédant de beaucoup
« la compétence des juges de paix, il semblerait que
« l'on doit s'arrêter à la seconde de ces alternatives.
« Cependant il faut décider que le juge de paix
« compétent pour connaître de la demande l'est
« également pour statuer sur la compensation (1). »

548. Note qui se réfère au n° 499, *suprà.*

« S'il est de règle que le calcul de la compétence
« se compose de la réunion des demandes réci-
« proques... cette règle... vraie, en général, est ici
« balancée par une autre, également certaine, et
« fondée sur la raison même ; c'est que celui qui
« saisit un tribunal de la connaissance de son action,
« le saisit, par une conséquence nécessaire, de la
« connaissance des exceptions, quelles qu'elles soient,
« que lui opposera le défendeur. La défense n'est,

______

(1) *Compétence des Juges de paix*, p. 1o6.

« en effet, que la suite et la corrélation de l'attaque ;
« elle est de droit naturel, et ne peut s'opposer con-
« venablement à l'agresseur que dans le lieu et dans
« le moment où il fait son agression. Serais -je
« obligé de porter au loin mon action réconvention-
« nelle, et de me laisser condamner sans défense ,
« tandis que, d'un mot, je puis repousser une attaque
« téméraire ou injuste ? Ces détours, ces circuits
« d'action, ce surcroît de lenteur et de frais, seraient
« en opposition directe avec le but de la loi, qui
« tend surtout à diminuer le nombre des contesta-
« tions et à les abréger. Pourrait-il d'ailleurs dépen-
« dre de la volonté du défendeur d'enlever à sa
« partie adverse le juge ou la juridiction que la loi
« lui assurait... (1). »

---

(1) Cahiers dictés en 1811, *Notions préliminaires*, ch. 4,
sect. 4.

TABLE

ALPHABÉTIQUE ET ANALYTIQUE

DES MATIÈRES.

(Les chiffres placés entre deux parenthèses indiquent le n° de l'ouvrage.)

NOTA. Bien que l'ordre alphabétique domine dans cette Table, on s'en est parfois écarté, mais dans les développemens secondaires seulement, et quand la série naturelle des idées a paru l'exiger.

A.

ACCIDENT d'un contrat. (Voy. *Contrat.*)

ACTION. — Prend aussi le nom de *cause*. (Voy. *Cause*).

ACTIONS d'une valeur déterminée (7 à 9, 120, 123.)
    — d'une valeur indéterminée (7 à 11, 21, 120, 123).
    — personnelles (27, 28, 31, 32, 33 à 46, 55 à 57, 5o6).

(3o8)

Actions réelles (27, 29 , 31, 32, 47 à 54 , 58, 59, 5o6 , 5o7).
— mixtes (27 , 3o, 31 , 32 , 60 à 89).
— purement personnelles (33 à 46).
— personnelles mélangées de réalité (55 à 57).
— purement réelles (47 à 54).
— réelles mélangées de personnalité (58, 59, 5o8).
— mixtes parfaites (6o à 87, 5o9).
— mixtes imparfaites (88, 89).
— mobilières (19).
— immobilières (19, à la note).

Actions purement personnelles et mobilières n'excédant pas cent francs. — Sont de la compétence du juge de paix (10, 17 à 21). — Entre les actions *mobilières*, n'y a-t-il que les actions *purement personnelles* qui soient de la compétence du juge de paix (20)? — Comment se détermine la valeur d'une action (90 à 119)?

Actions possessoires. — Qu'entend-on par actions possessoires (138)? — Raisons de douter que ces sortes d'actions soient *mixtes* (68 à 84). — Les actions possessoires sont toutes de la compétence du juge de paix (120, 136, 511). — Quels sont les caractères de la possession requise pour exercer l'action possessoire (139 à 316)? — Division de l'action possessoire en complainte et en réintégrande (317 à 327, 529). — L'action possessoire est-elle toujours d'une *valeur indéterminée?* et comment déterminer sa valeur (328 à 335, 53o)? — Espèce d'actions possessoires énumérées dans l'article 10, tit. III de la loi du 24 août 1790. (Voy. *Déplacemens de bornes, Usurpations de terres, Arbres, Haies, Fossés et autres clôtures, Entreprises sur les cours d'eau.*)

Actions en pétition d'hérédité. — Sont *réelles*, et non pas *mixtes* (62, 63, 79, à la note 2).

Actions en partage et en bornage. — Raisons de douter que ces sortes d'actions soient *mixtes* (62 , 63 , 68 à 84).

Actions en délivrance d'immeubles. — Sont *purement réelles*, si intentées par ceux qui ont acquis du véritable propriétaire (52, 54). — Sont, au contraire, *purement personnelles*, si intentées par ceux qui n'ont pas acquis du véritable propriétaire (54, 509 3°). — Pourraient, dans la première hypothèse, être considérées comme *mixtes*, si l'on devait regarder comme telles les actions *possessoires* et celles *en partage* et *en bornage* (79, 80).

Actions en rescision de vente d'immeubles ou en résiliation de bail sont *purement personnelles*, et non pas *mixtes* (509 1° et 2°).

Actions. — Pour dommages faits, soit par les hommes , soit par les animaux, aux champs, fruits et récoltes. (Voy. *Dommages.*) — Pour déplacement de bornes , usurpations de terres, arbres, haies , fossés et autres clôtures, commis dans l'année. (Voy. *Déplacemens, Usurpations.*) — Pour entreprises sur les cours d'eau, commises pareillement dans l'année. (Voy. *Entreprises.*) — Pour réparations locatives des maisons et fermes. (Voy. *Réparations.*) — Pour indemnités prétendues par le fermier ou locataire, pour raison de non-jouissance, lorsque le droit de l'indemnité n'est pas contesté. (Voy. *indemnités.*) — Pour dégradations alléguées par le propriétaire contre son locataire ou fermier. (Voy. *Dégradations.*) — Pour salaire des gens de travail. (Voy. *Gens de travail.*) — Pour gages des domestiques. (Voy. *Gages.*) — Pour l'exécution des engagemens respectifs des maîtres et de leurs domestiques ou gens de travail. (Voy. *Engagemens.*) — Pour injures verbales , rixes et

voies de fait, pour lesquelles les parties ne se seraient
pas pourvues par la voie criminelle. (Voy. *Injures verbales, rixes, voies de fait.*)

AGRICULTURE. — Les besoins de l'agriculture doivent être
conciliés avec le respect dû à la propriété, dans les contestations relatives aux cours d'eau (350 à 353). —
Nature particulière des engagemens respectifs des maîtres, et de ceux de leurs domestiques employés aux
travaux de l'agriculture (405).

ALLÉGATIONS RESPECTIVES des maîtres et de leurs domestiques. — Degré de confiance que la loi leur attache
(486, 407).

ANIMAUX DOMESTIQUES. — Action relative aux dommages
qu'ils peuvent occasioner. (Voy. *Dommages.*)

ANIMAUX SAUVAGES. — Quelqu'un est-il responsable des
dommages qu'ils peuvent occasioner (*Ibid.*)?

ANNALE (Possession). (Voy. *possession.*)

APPARENTE (Servitude). (Voy. *Servitude.*)

ARBITRAIRE (Servitude légale). (*ibid.*)

ARBRES (Usurpations d'). (Voy. *Usurpations.*)

ASSESSEURS du juge de paix. — Ont été supprimés (12).

ATTRIBUTIONS dont se compose la juridiction civile-judiciaire du juge de paix (466).

B.

BIBLIOTHÉCAIRES. — Sont domestiques, mais non serviteurs-domestiques (402).

BORNAGE (Action en). (Voy. *Actions.*)

BORNES (Déplacemens de). (Voy. *Déplacemens.*)

C.

vêtus, les servitudes consensuelles dont on se prétend propriétaire, et qui, n'étant pas tout à la fois continues et apparentes, ne sont d'ailleurs établies ni par titre produit, ni par prescription accomplie avant le Code, et non déniée (300 à 312). — Que devrait-on dédécider à l'égard des servitudes prescriptibles d'après le Code, mais imprescriptibles avant son empire (528 3°)?

CHOSES PERDUES OU VOLÉES. (Voy. *Revendication*.)

CHOSES PRESCRIPTIBLES. — Qu'entend-on par choses prescriptibles, soit, en général, par rapport à la prescription (276 à 280), soit, en particulier, par rapport à l'action possessoire (281)? — Sont prescriptibles : les immeubles corporels (294); les immeubles incorporels vêtus (300) (sauf les servitudes consensuelles dont on se prétend propriétaire, et qui, n'étant pas tout à la fois continues et apparentes, ne sont d'ailleurs établies ni par titre produit, ni par prescription accomplie avant le Code, et non déniée (301 à 312)); entre les meubles incorporels vêtus, les successions mobilières (297 à 299).

CIVIL (Trouble). (Voy. *Trouble*.)

CLASSIFICATION DES CHOSES. (Voy. *Choses*.)

CLÔTURE (Usurpation de). (Voy. *Usurpations*.)

COMPÉTENCE. — Qu'entend-on par compétence (3)? — En quoi la compétence diffère-t-elle de la juridiction (*ibid.*) — (Voy. *Juridiction*).

COMPLAINTE. — Qu'entend-on par complainte (317)? — Parallèle établi entre la complainte et la réintégrande 317 à 327).

CONDAMNATION. — La condamnation ne fixe en aucune manière la valeur du litige (117, 119, 134, 510).

(3ı3)

Consensuelle (Servitude). (Voy. *Servitude*.)

Continue (Possession, Servitude). (Voy. *Possession, Servitude.*)

Contractuelle (Prorogation). (Voy. *Prorogation*.)

Contrat. — Qu'entend-on par essence, nature, et accident d'un contrat (376 à 379)?

Cours d'eau.—Leurs avantages et leurs inconvéniens (342). (Voy. *Entreprises sur les cours d'eau*.)

D.

Dégradations alléguées par le propriétaire contre son locataire ou fermier. — Sont de la compétence du juge de paix (120, 382, 383). — Pourquoi le juge de paix en connaît-il sans restriction, tandis qu'il ne connaît des indemnités prétendues par le fermier ou locataire, pour raison de non-jouissance, qu'alors seulement que le droit de l'indemnité n'est pas constesté (384 à 388)? — Le juge de paix aurait-il caractère pour connaître de dégradations alléguées par un nu-propriétaire contre un usufruitier (389, 391, 395, 538)? — De quelle espèce de dégradations le législateur entend-il ici parler (389, 391 à 394, 537)?

Degré. — Dans le langage de la jurisprudence, qu'entend-on par degré? — Considérée par rapport au degré, la juridiction civile judiciaire du juge de paix est-elle susceptible de prorogation, soit contractuelle, soit quasi-contractuelle? (Voy. *Prorogation.*)

Délit. — Qu'entend-on par délit (45)?

Demandes. — Sont ou principales, ou incidentes (116, 117). — *Incidentes.* — Ne figurent point dans l'évaluation du litige (117, 118). — *Principales.* — Sont, ou originaires, ou réconventionnelles (106).— *Originaires.* — Pour figurer toutes dans l'évaluation du litige, doivent avoir été formées du chef d'une même personne contre une même personne, et par le même exploit (107 à 110). — *Réconventionnelles.* — Pour figurer dans l'évaluation du litige, doivent être opposées par forme de défense à la demande originaire, fondées sur un fait antérieur à la demande originaire, enfin contestées par par le demandeur originaire (111 à 114). — Doivent figurer dans l'évaluation du litige alors même que, de juge souverain, le juge de paix se trouverait ainsi transformé en juge du premier degré seulement (478 à 486). — Ne doivent point être admises à figurer dans l'évaluation du litige, si les y admettre devait avoir pour conséquence de dépouiller le juge de paix de la connaissance d'une action dont il aurait été compétemment saisi (498 à 500, 546 à 548). — Doivent, lorsqu'elles présentent des difficultés sérieuses et de nature à entraîner des lenteurs considérables, être renvoyées devant le juge naturel du demandeur originaire (502). — Ne devraient point être renvoyées au juge naturel du demandeur originaire par cela seul que, prises isolément, elles se trouveraient excéder la valeur de cent francs (503).

Dénonciation de nouvel-œuvre. — Qu'entendait-on, chez les Romains, par dénonciation de nouvel-œuvre (354)? — Quels étaient les caractères de cette espèce d'action (355 à 362, 533, 534)? — Quel était son effet très-remarquable (363, 535)? — La dénonciation de nouvel-œuvre a-t-elle conservé parmi nous quelque chose qui doive la différencier de nos actions possessoires (364 à 372)?

DÉPLACEMENT DE BORNES. — Est de la compétence du juge de paix (120, 135, 330). — Tantôt donne lieu à la complainte, et tantôt à la réintégrande (337, 338, 531).

DÉPOSITAIRE. — Est possesseur à titre précaire (183). — En conséquence, n'a pas l'exercice de l'action possessoire (*ibid.*).

DERNIER RESSORT DU JUGE DE PAIX. (Voy. *Ressort.*)

DISCONTINUE (Servitude). (Voy. *Servitude.*)

DOMESTIQUES. — Qu'entend-on par domestiques (400)? — Sont de deux sortes (401 à 403). — La durée de leur service est, suivant leur emploi, ou arbitraire (404), ou de rigueur (405). (Voy. *Engagemens, Gages.*)

DOMICILE. — Qu'entend-on par domicile (450)? — N'est pas une simple résidence (*ibid.*). — Considérée par rapport au domicile, la juridiction civile-judiciaire du juge de paix est-elle susceptible de prorogation, soit contractuelle, soit quasi-contractuelle? (Voy. *Prorogation de juridiction.*)

DOMMAGES FAITS, soit par les hommes, soit par les animaux, aux champs, fruits et récoltes. — Sont de la compétence du juge de paix (120, 126). — Quelqu'un pourrait-il être responsable de dommages provenant de toute autre cause (128)? — De quelle espèce d'animaux le législateur entend-il ici parler (129)? — Utilité d'une évaluation des dommages antérieurement au jugement à intervenir (130 à 134)?

DROIT CONTESTÉ. (Voy. *Indemnités.*)

E.

EAUX. (Voy. *Eaux pluviales , Entreprises, Ruisseaux . Sources.*)

Eaux de source. (Voy. *Sources.*)

Eaux pluviales. — Qui peut en disposer, et comment (247) ?

Engagemens respectifs des maîtres et de leurs domestiques ou gens de travail. — Sont de la compétence du juge de paix (120, 394, 396). — Que doit-on entendre par ces sortes d'engagemens (428 , 539) ? — Ceux pour faits de commerce doivent-ils être rangés dans la même catégorie (409)? (Voy. *Domestiques, Gages , Gens de travail.*)

Entreprises sur les cours d'eau. — Sont de la compétence du juge de paix(120, 135 , 336). — En sont alors même qu'ils serviraient à l'arrosement, non de prés, mais d'héritage de toute autre nature (343, à 345), pourvu, toutefois, que l'entreprise ne remonte pas à plus d'une année (*ibid.*). — (Voy. *Cours d'eau, Eaux pluviales, Ruisseaux, Sources*).

Essence d'un contrat. (Voy. *Contrat.*)

Evaluation des dommages faits, par les hommes ou par les animaux, aux champs, fruits et récoltes. (Voy. *Dommages.*) — D'un litige. (Voy. *Condamnation, Demandes.*)

Exécution provisoire (24).

Expresse (Servitude consensuelle). (Voy. *Servitude.*)

F.

Facteurs. (Voy. *Marchands.*)

Fermes. (Voy. *Réparations.*)

Fermier. — Est possesseur à titre précaire (183). — En conséquence, n'a pas l'exercice de l'action possessoire (183, 185, à 191 , 194). − (Voy. *Dégradation, Indemnité, Possession.*)

Fonctions du juge de paix (1).

Fossés (Usurpations de). (Voy. *Usurpations.*)

Francs. — Texte de loi où ce terme doit être substitué à celui de *livres*. (Voy. *Livres.*)

Fruits (Dommages faits aux). (Voy. *Dommages.*)

G.

Gages des domestiques. — Sont de la compétence du juge de paix (120, 396, 397). — Confiance accordée en justice aux obligations du maître, relativement aux gages de ses domestiques, en général (407). — (Voy. *Domestiques.*)

Gens de travail. — Qu'entend-on par gens de travail (398, 399)? — L'action en paiement de leurs salaires est de la compétence du juge de paix (120, 396, 397).

Greffier. — Fait partie intégrante du tribunal du juge de paix (12, à la note).

Grosses réparations. (Voy. *Réparations.*)

H.

Haies (Usurpation de). (Voy. *Haies.*)

I.

Immeubles. (Voy. *Choses.*)

Incidentes (Demandes). (Voy. *Demandes.*)

Incorporelles (Choses). (Voy. *Choses.*)

Indemnités prétendues par le fermier ou locataire, pour raison de non-jouissance. — Sont de la compétence du juge de paix, lorsque le droit de l'indemnité n'est pas contesté (120, 382, 583). — Pourquoi le juge de paix ne peut-il en connaître qu'*alors* seulement *que le droit de l'indemnité n'est pas contesté*; tandis qu'il connaît toujours des dégradations alléguées par le propriétaire (384 à 388, 536)? — Quand peut-on dire que *le droit de l'indemnité est contesté* (389, 390)?

INDÉTERMINÉE (Actions d'une valeur). (Voy. *Actions*.)

INJURES VERBALES. — Qu'entend-on par injures verbales (411)? — Ces sortes d'injures sont de la compétence du juge de paix (120, 410). — Comment s'apprécie leur gravité (413)? — Les *injures verbales* engendrent les rixes (412).

INTERROMPUE (Possession.) (Voy. *Interruption, Possession*.)

INTERRUPTION DE POSSESSION. — Qu'entend-on par ces mots (166, 167)? — L'interruption de possession procède du trouble ou de la spoliation (169). — (Voy. *Spoliation, Trouble*.)

J.

JUGE DE PAIX. — Avait des assesseurs; n'a plus que des suppléans. (Voy. *Assesseurs, Suppléans*.) — Connaît de toutes actions purement personnelles et mobilières n'excédant pas cent francs. (Voy. *Actions purement personnelles et mobilières*). — Connaît, à quelque valeur qu'elles puissent s'élever : des actions pour dommages faits, soit par les hommes, soit par les animaux aux champs, fruits et récoltes (Voy. *Dommages*); des actions possessoires (Voy. *Actions* possessoires); des réparations locatives des maisons et fermes (Voy. *Réparations*); des indemnités prétendues par le fermier ou locataire pour raison de non-jouissance, lorsque le droit de l'indemnité n'est pas contesté (Voy. *Indemnités*); des dégradations alléguées par le propriétaire contre son locataire ou fermier (Voy. *Dégradations*); du paiement des salaires des gens de travail (Voy. *Gens de travail*) ; — des gages des domestiques (Voy. *Domestiques, Gages des domestiques*) ; des engagemens respectifs des maîtres et de leurs domestiques ou gens de travail (Voy. *Domestiques, Engagemens, Gens de travail.*) Des actions pour injures verbales, rixes et voies de fait, pour lesquelles les parties ne se sont point pourvues par la voie criminelle. (Voy. *Injures verbales, Rixes, Voies de fait.*)

JURIDICTION CIVILE JUDICIAIRE DU JUGE DE PAIX. — Qu'entend-on par ces mots (1 à 6) ? — Cette sorte de juridiction peut être envisagée , soit par rapport aux attributions dont elle se compose (7), soit par rapport à la prorogation dont elle est susceptible (*ibid.*). —Envisagée sous ce dernier point de vue, on peut la considérer : par rapport au *territoire* (Voy. *Territoire*) ; à la *matière* (Voy. *Matière*); au *degré* (Voy. *Degré*); au *domicile* (Voyez. *Domicile*); à la *situation*. (Voy. *Situation*) ; à la *valeur*. (Voy. *Valeur.*)—Cette sorte de juridiction est-elle susceptible de *prorogation*, soit *contractuelle*, soit *quasi-contractuelle* : sous le rapport du *territoire*; de la *matière*; du *degré*; du *domicile*; de la *situation* ; de la *valeur?* (Voy. *Prorogation.*) — Quand cette sorte de juridiction s'exerce-t-elle en premier ressort seulement, ou en premier et dernier ressort tout ensemble? (Voy. *Ressort.*)

L.

LÉGALE (Obligation). (Voy. *Obligation.*) —(Servitude) (Voy. *Servitude.*)

LITIGE. — Comment se détermine la valeur d'un litige? (Voy. *Condamnation, Demandes.*)

(320)

Livres. — Ce terme doit être remplacé par celui de *francs* dans les articles 9 et 10, titre III de la loi du 24 août 1790 (23).

Locataire. — Est possesseur à titre précaire (183). — En conséquence, n'a pas l'exercice de l'action possessoire. (*ibid.*) — Indemnités par lui prétendues pour défaut de jouissance , sont de la compétence du juge de paix. (Voy. *Indemnités.*)

Locatives (Réparations). (Voy. *Réparations.*)

M.

Maisons (Réparations des). (Voy. *Réparations.*)

Maîtres (Engagements des). (Voy. *Engagements.*) — Les actions intentées, pour fait de commerce, par un marchand, contre ses commis ou facteurs , et réciproquement, celles intentées, pour fait de commerce, par les commis ou facteurs, contre le marchand qui les emploie, sont-elles de la compétence du juge de paix (409) ?

Matière. — Dans le langage de la jurisprudence, qu'entend-on par matière (445)? — De quelles matières se compose la juridiction civile judiciaire du juge de paix (446)? — Considérée pour rapport à la matière, la juridiction civile-judiciaire du juge de paix, est-elle susceptible de prorogation , soit contractuelle, soit quasi-contractuelle? (Voy. *Prorogation*).

Meubles (Voy. *Choses*).

Mixtes (Actions). (Voy. *Actions*).

N.

Nᴀᴛᴜʀᴇ ᴅ'ᴜɴ ᴄᴏɴᴛʀᴀᴛ. (Voy. *Contrat.*)

Nᴀᴛᴜʀᴇʟ (Trouble). (Voy. *Trouble.*)

Nᴀᴛᴜʀᴇʟʟᴇ (Servitude). (Voy. *Servitude.*)

Nᴏᴜᴠᴇʟ-ᴏᴇᴜᴠʀᴇ (Dénonciation de). (Voy. *Dénonciation de nouvel-œuvre.*)

Nᴜ-PʀᴏᴘʀɪÉᴛᴀɪʀᴇ. — Est possesseur à titre non précaire (206, 516). — En conséquence, peut exercer l'action possessoire (*ibid*). — L'action possessoire intentée par le nu-propriétaire profite-t-elle à l'usufruitier (201)? Réciproquement, l'action possessoire intentée par l'usufruitier profite-t-elle au nu-propriétaire (202)? — Celui-ci peut-il se pourvoir au possessoire concurremment avec celui-là, et par une action distincte et séparée (203, 204)? — Le nu-propriétaire est-il responsable, envers l'usufruitier, du défaut d'exercice de l'action possessoire, et réciproquement l'usufruitier en est-il responsable envers le nu-propriétaire (205)? — Les dégradations alléguées par le nu-propriétaire contre l'usufruitier sont-elles de la compétence du juge de paix (389, 391, 395, 538)?

O.

Oʙʟɪɢᴀᴛɪᴏɴ. — Légale (34, 38, 39). — Volontaire (34, 38, 40 à 42).

OEᴜᴠʀᴇ (Nouvel.). (Voy. *Dénonciation de nouvel-œuvre.*)

Oʀɪɢɪɴᴀɪʀᴇs (Demandes). (Voy. *Demandes.*)

Oᴜᴠʀɪᴇʙs. (Voy. *Gens de travail.*)

(322)

P.

Paisible (Possession). (Voy. *Possession.*)

Partage (Action en). (Voy. *Actions en partage.*)

Personnelle (Action) (Voy. *Actions personnelles.*)

Petites rivières. (Voy. *Ruisseaux.*)

Pétition d'hérédité (Action en). (Voy. *Action en pétition d'hérédité.*)

Possesseur. — A titre non précaire (183). — A titre précaire (184). — (Voy. *Possession.*)

Possession requise pour exercer l'action possessoire. — *Annale.* — Pourquoi suffisante (146)? — Pourquoi de rigueur (145)? — Comment se calcule l'annalité acquise pour exercer l'action possessoire (147 à 152, 513, 514)? — *Paisible.* — Qu'entend-on par possession paisible (155, 515)? — Exemple d'une possession qui n'aurait pas ce caractère (156). — *Publique.* — Pourquoi la possession doit-elle être publique, comme l'était l'action possessoire (157 à 163, 515)? — *Continue.* — Qu'entend-on par possession continue (164, 166, 167)? — *Non interrompue.* — Qu'entend-on par possession non interrompue (166, 167)? (Voy. *Interruption, Spoliation, trouble.*) — *A titre non précaire.* — Qu'entend-on par possession à titre non précaire (182)? (Voy. *Possesseur.*) — Est-il bien légal d'accorder à l'usufruitier, et de refuser au fermier ou locataire l'exercice de l'action possessoire (185 à 194)? — *De chose prescriptible.* — Pourquoi la possession doit-elle avoir ce caractère pour autoriser l'exercice de l'action possessoire (208). (Voy. *Choses, Choses prescriptibles.*)

Possessoire (Action). (Voy. *Actions possessoires.*)

(3₂3)

Précaire (Possesseur à titre). (Voy. *Possesseur.*)
—   (Possession à titre). (Voy. *Possession.*)

Précepteurs. — Sont domestiques, mais non serviteurs-domestiques (171). (Voy. *Domestiques.*)

Premier ressort du juge de paix. (Voy. *Ressort.*)

Prescriptible (Chose). — (Voy. *Choses prescriptibles.*)

Prescription. — Qu'ententend-on par prescription (₂77)?

Principales (Demandes). (Voy. *Demandes.*)

Privée (Servitude légale arbitraire). (Voy. *Servitude.*)

Procédure du juge de paix (2).

Prorogation de juridiction. — Qu'entend-on par ces mots? (437). — Est contractuelle ou quasi-contractuelle. (438). — *Contractuelle*, est-elle permise sous le rapport du *territoire* (458)? — De la *matière* (459, 460)? — Du *degré* (461, 462, 540)? — Du *domicile* (463, 464)? — De la *situation* (465, 466)? — De la *valeur* (467 à 472, 541, 542)? — *Quasi-contractuelle*, est-elle permise sous le rapport du *territoire* (473, 374, 543)? — De la *matière* (475, 476, 544)? — Du *degré* (477 à 486)? — Du *domicile*, (487 à 493, 545) — De la *situation* (494)? — De la *valeur* (495 à 5o5, 546 à 548)?

Publique (Possession). (Voy. *Possession.*)
——— (Servitude). (Voy. *Servitude.*)

Q.

Quasi-contractuelle (Prorogation). (Voy. *Proroga-tion.*)

Quasi-contrat — Qu'entend-on par quasi-contrat (44)?

Quasi-délit. — Qu'entend-on par quasi-délit (46)?

Quotité. — (Voy. *Valeur.*)

R.

Réalité (Action personnelle mélangée de). (Voy. *Actions personnelles mélangées de réalité.*)

Réconventionnelles (Demandes). (Voy. *Demandes.*)

Récoltes. — Dommages qui leur sont faits. (Voy. *Dommages.*)

Réelles (Actions). (Voy. *Actions.*)

Réintégrande. — Qu'entend-on par réintégrande (317)? — N'exige pas moins impérieusement la saisine que ne l'exige la simple complainte. (*ibid.*). (Voy. *Saisine.*)

Réparations locatives des maisons et fermes. - Qu'entend-on par ces sortes de réparations (374)? — Sont de la compétence du juge de paix (120, 373). — Le locataire ou fermier en est tenu par une suite naturelle de son bail (375 à 379). — Les grosses réparations auxquelles le fermier ou locataire se serait obligé, rentreraient-elles dans la compétence du juge de paix (380, 381)?

Résidence. — N'est pas domicile. (Voy. *Domicile.*)

Ressort. — Par rapport à la juridiction, se prend tantôt pour *territoire*, tantôt pour *degré* (443). — Quand le juge de paix prononce-t-il en premier ressort seulement (10, 21, 120, 123, 448, 449, 456)?

Revendication d'une chose perdue ou volée. — A-t-elle nécessairement pour valeur le prix que cette chose a été vendue, soit en foire ou marché, soit par un marchand vendant des choses pareilles (97 à 104)?

Rivières (Petites). (Voy. *Ruisseaux.*)

Rixes. — Qu'entend-on par rixes (411)? — Sont de la compétence du juge de paix (120, 410). — Naissent des injures verbales (412). — Donnent souvent lieu à des voies de fait (*ibid.*). — Peuvent toutefois n'être accompagnées ni d'injures, ni de voies de fait (414).

Ruisseaux.—Quant à la législation qui les régit, ne diffèrent en rien des petites rivières (350). — Quand l'action possessoire peut-elle être intentée à leur occasion (351 a 353)? — Considérations auxquelles le juge de paix doit se rattacher dans les contestations de cette nature (353).

Saisine. — Qu'entend-on par saisine (139)?

Salaire des gens de travail. — (Voy. *Gens de travail.*)

Secrétaires. — Sont *domestiques*, mais non *serviteurs-domestiques* (401 à 403). (Voy. *Domestiques.*)

Serviteurs domestiques. — Qu'entend-on par serviteurs-domestiques (400, 401, 403)?

Servitude. — Qu'entend-on par servitude (244)? — Toute servitude peut être considérée, soit d'après son origine, soit d'après ses accidens, soit d'après son objet. — *D'après son origine*, est ou légale ou consensuelle (246, 260 à 262). — *Légale*, est ou naturelle, ou arbitraire (247 à 252, 518).— *Légale arbitraire*, est ou publique, ou *privée* (249 à 252).— *Consensuelle,* est ou *expresse*, ou *tacite* (253 à 255). — *D'après ses accidens*, est ou continue, ou discontinue; la *continue* est ou apparente, ou non apparente; la *discontinue* est ou apparente, ou non apparente (263 à 271). — *D'après son objet,* est urbaine, ou rurale (272 à 275). — (Voy. *Choses prescriptibles, Choses imprescriptibles, Titre*).

S.

T.

U.

Usage des eaux. (Voy. *Entreprises sur les cours d'eau.*)

Usager. — Est possesseur à titre non précaire (206). — peut, en conséquence, exercer l'action possessoire (206, 522, 523).

Usufruitier. — Est possesseur à titre non précaire (184). peut, en conséquence exercer l'action possessoire (185, 191 à 194, 516). —(Voy. *Nu-propriétaire, possession.*)

Usurpations de terres, arbres, haies, fossés et autres clôtures. — Sont de la compétence du juge de paix. (120, 135, 136). — Ne sont pas toutes indépendantes les unes des autres (339 à 340). — Tantôt donnent lieu à la complainte, et tantôt à la réintégrande (341).

V.

Valeur. — Qu'entend-on par valeur, soit dans le langage ordinaire (453), soit dans celui de la jurisprudence (454)? — Déterminée ou indéterminée (10, 120). — Plus synonyme de *quotité* que de *degré* (456, 457). — Comment s'apprécie la *valeur* d'une action (90 à 119)? (Voy. *Prorogation, Ressort, Revendication.*)

Verbale (injure). (Voy. *Injures verbales.*)

Voies de fait. — Qu'entend-on par voies de fait (411)? —Les voies de fait sont de la compétence du juge de paix (120, 410). — En sont-elles toujours (415 à 436)? — Reconnaissent ordinairement pour cause les rixes (412).

Volontaires (Obligations). (Voy. *Obligations.*)

(328)

ERRATA.

Pag. 8, lig. 14, *au lieu de :* et, à raison; *lisez :* et qui, à raison.

P. 20, l. 7, *au lieu de :* en ce que, à la différence de celui-ci, il suppose; *lisez :* en ce qu'il suppose.

P. 24, l. 16, *au lieu de :* donateur; *lisez :* donataire.

P. 27, l. 14, *au lieu de :* Vinius; *lisez :* Vinnius.

P. 42, l. 17, *au lieu de :* résulte-t-il de là que; *lisez :* résulte-t-il que.

P. 88, l. 1ʳᵉ, *au lieu de :* sans observer; *lisez :* sans faire observer.

P. 96, l. 16, *au lieu de :* pleines; *lisez :* vêtues.

P. 125, l. 13 et 14, *au lieu de :* qu'aujourd'hui-même encore les servitudes; *lisez :* que les servitudes.

P. 127, l. 12, *au lieu de :* et aux immeubles; *lisez :* ni aux immeubles.

P. 133, l. 20, *au lieu de :* la société serait-elle; *lisez :* la société verrait-elle.

P. 143, l. 15, *au lieu de :* hories; *lisez :* haies.

P. 145, l. 7 et 8, *au lieu de :* n'ont-ils eu garde; *lisez :* ont-ils eu garde.

P. 153, l. 7 et 8, *au lieu de :* toutefois d'un d'un grand secours; *lisez :* toutefois d'un grand secours.

P. 159, l. 11, *au lieu de :* réception; *lisez :* acception.

P. 175, l. 15, *au lieu de :* cassé; *lisez :* classé.

P. 180, l. 24, *au lieu de :* M. Poucet; *lisez :* M. Henrion de Pansey.

P. 189, l. 15 et 16, *au lieu de :* soit l'accusé, soit pour l'accusé, pour obtenir; *lisez :* soit l'accusé pour obtenir.

P. 199, l. 12, *au lieu de :* nous avons observée; *lisez :* nous avons fait remarquer.

P. 215, l. 1, *au lieu de :* et de la matière; *lisez :* ni de la matière.

P. 228, l. 17, *au lieu de :* l'un; *lisez :* l'une.

P. 229, l. 18, *au lieu de :* souvevain; *lisez :* souverain.

Même p. l. 19 et 20, *au lieu de :* pour laquelle la loi lui a conféré des pouvoirs souverains; *lisez :* au-dessus de laquelle la loi lui a dénié tout pouvoir, même au premier degré seulement.

P. 231, l. 15, *au lieu de :* ou; *lisez :* où.

P. 243, l. 16, *au lieu de :* circa; *lisez :* circà.

P. 250, l. 14, *au lieu de :* donateur; *lisez :* demandeur.

P. 251, l. 12, *au lieu de :* conclue; *lisez :* conclure.

P. 252; l. 15, *au lieu de :* pour; *lisez :* par.

P. 254, l. 10, *au lieu de :* tout; *lisez :* tort.

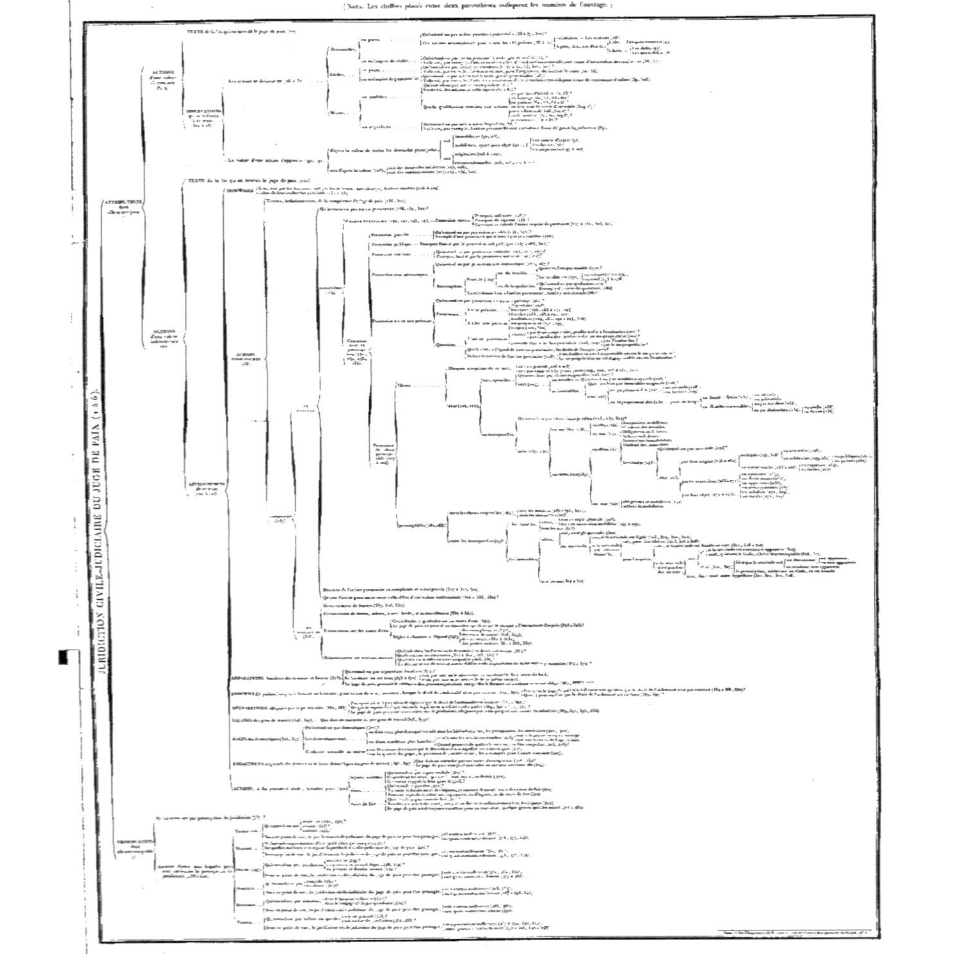

TABLEAU SYNOPTIQUE.
(Nota. Les chiffres placés entre deux parenthèses indiquent les numéros de l'ouvrage.)
JURIDICTION CIVILE-JUDICIAIRE DU JUGE DE PAIX (1 à 6).